AF356618

A Paris chez la Veuve Duchesne Libraire,
Rue St. Jacques au Temple du Gout.

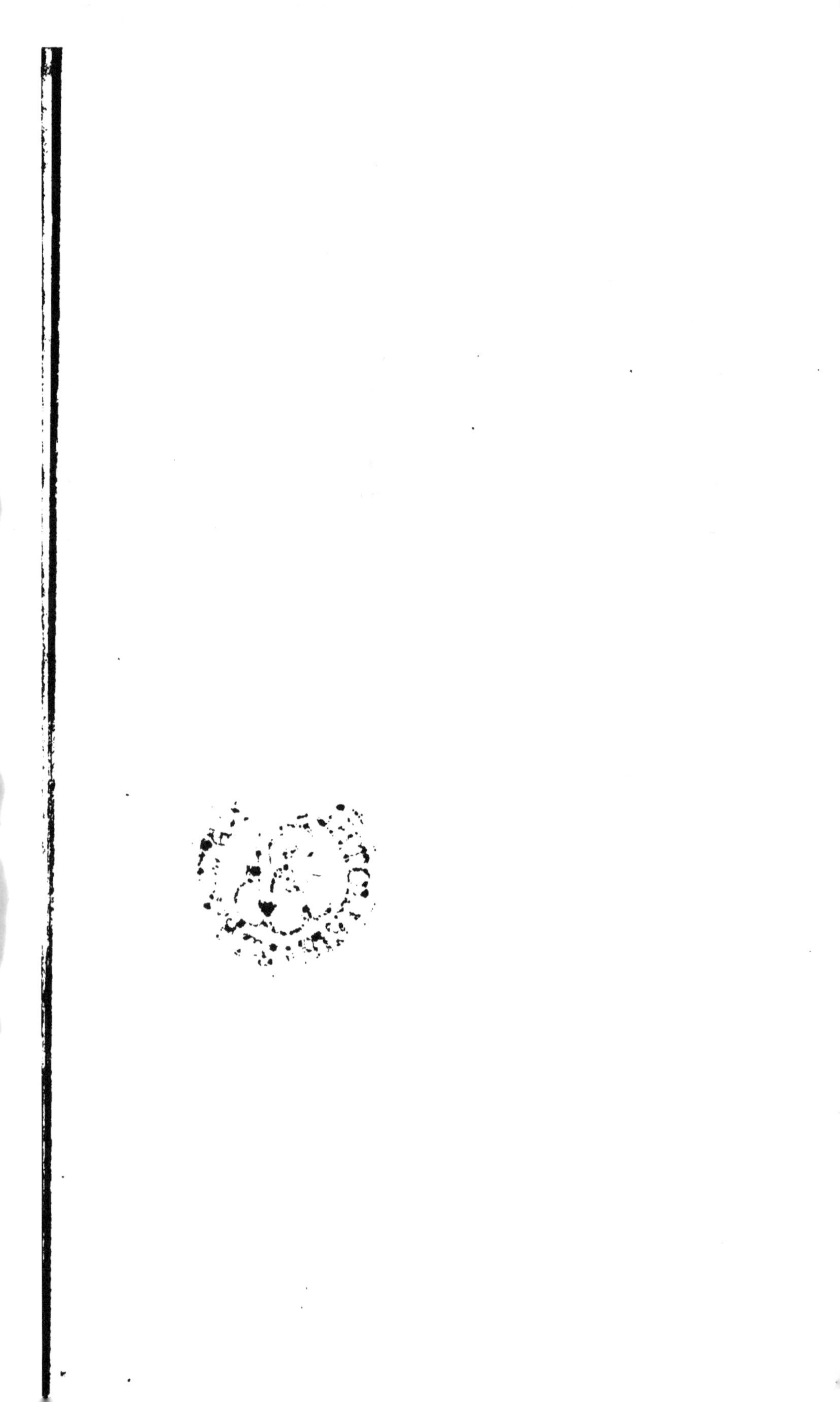

LE PETIT
CHANSONNIER
FRANÇOIS,
OU
CHOIX
DES MEILLEURES CHANSONS,

SUR DES AIRS CONNUS.

A GENÈVE.

M. DCC. LXXVIII.

AVERTISSEMENT.

IL n'eſt preſque perſonne qui ne ſe plaiſe à chanter : mais beaucoup ne ſont pas Muſiciens , & renoncent à déchiffrer les airs difficiles. C'eſt à cette derniere claſſe , dans les deux ſexes , que ce Recueil eſt principalement deſtiné. On ſe flatte cependant qu'il ne ſera pas ſans intérêt pour les autres Amateurs de notre Littérature & de notre Poéſie. On a eu pour objet d'y raſſembler toutes les jolies Chanſons qui peuvent ſe chanter ſur des airs connus : il en eſt réſulté que les meilleures Odes Anacréontiques, les meilleurs Couplets qui aient été faits dans notre Langue, y ont trouvé place ; & l'on ne craint pas d'avancer que, de tous les Recueils de Chanſons, celui - ci ſera inconteſtablement le plus agréable à lire. Il ſuffira de parcourir les noms des différens Auteurs, pour ſe convaincre qu'on a été difficile dans le choix des petits Ouvrages qui le compoſent. Les vingt - ſix volumes du

Chanſonnier François , les trois de *l'Anthologie* , toutes les Pieces éparſes dans les Auteurs qui ont travaillé avec ſuccès en ce genre , ont fourni un ſeul volume. Depuis douze ans que *l'Anthologie Françoiſe* a paru , ceux de nos Poëtes qui ont le plus de réputation ont fait un grand nombre de Chanſons charmantes : preſque toutes ſont ſur des airs faciles à retenir : on les a réunies dans ce nouveau Recueil. Enfin on a eu l'attention d'entremêler les différens airs , ainſi que les Auteurs, afin de prévenir toute eſpece de mo-

notonie , autant qu'il a été possible.
Quant à la partie typographique, on
s'appercevra fans doute , au premier
coup-d'œil , que peu d'Ouvrages ont
été exécutés avec plus de foin.

AUTEURS

MORTS.

LE

LE PETIT

CHANSONNIER

FRANÇOIS.

LE RETOUR D'IRIS.

AIR : *Allons sous ces Coudrettes, &c.*

SORTEZ de vos retraites,
Accourez, Dieux des Bois,
Au son de nos musettes
Accordez vos hautbois ;
Chantez l'objet que j'aime,
Secondez mes desirs,
Et rendez le Ciel même
Jaloux de mes plaisirs.

A

Dans ce lieu folitaire,
Iris eft de retour :
Déeffe de Cythere ,
Célébrez ce grand jour ;
Rappellez fur ces rives
Les Amours envolés ,
Les Graces fugitives ,
Et les Ris exilés.

Reprenez , belle Flore ,
Vos premieres couleurs ;
Couronnez-vous encore
Des plus brillantes fleurs ,
Joignez-vous à Pomone
Pour embellir nos champs ,
Et prêtez à l'Automne
Les beaux jours du Printems.

Sous ces tendres feuillages ,
Venez , petits oifeaux ;
Accordez vos ramages
Au murmure des eaux ;
Chantez l'objet que j'aime ,
Secondez mes defirs ,
Et rendez le Ciel même
Jaloux de mes plaifirs.

J. B. ROUSSEAU.

A UNE PETITE FILLE

DE DOUZE ANS,

QUI avoit adreſſé un Couplet à l'Auteur.

AIR *de Joconde.*

PAULE, vous faites joliment
  Lettres & Chanſonnettes :
Quelque grain d'amour ſeulement,
  Elles ſeroient parfaites.
Quand ſes ſoins au cœur ſont connus,
  Une Muſe ſait plaire :
Jeune Paule, trois ans de plus
  Font beaucoup à l'affaire.

❖

Vous parlez quelquefois d'amour,
  Paule, ſans le connoître :
Mais j'eſpere vous voir un jour
  Ce petit Dieu pour maitre.
Le doux langage des ſoupirs
  Eſt pour vous Lettre cloſe :
Paule, trois retours de Zéphirs
  Font beaucoup à la choſe.

A 2

Si cet Enfant, dans vos Chanſons,
  A des graces naïves,
Que fera-ce quand ſes leçons
  Seront un peu plus vives?
Pour aider l'eſprit en ces vers,
  Le cœur eſt néceſſaire :
Trois printems, ſur autant d'hivers,
  Font beaucoup à l'affaire.
                              LA FONTAINE.

LA CONSOLATION.

AIR : *De tous les Capucins du Monde.*

MA Maîtreſſe en épouſe un autre ;
Amis, quelle idée eſt la vôtre,
D'en craindre pour moi du tourment ?
Qui de nous vaut qu'on le regrette ?
Elle perd le plus tendre Amant :
Moi, je ne perds qu'une Coquette.

LES LENDEMAINS.

A I R : *Réveillez - vous , belle Endormie.*

PHILIS, plus avare que tendre,
Ne gagnant rien à refuser ,
Un jour exigea de Sylvandre
Trente moutons pour un baiser.

Le lendemain, nouvelle affaire :
Pour le Berger , le troc fut bon ;
Car il obtint de la Bergere
Trente baisers pour un mouton.

Le lendemain , Philis , plus tendre,
Craignant de déplaire au Berger ,
Fut trop heureuse de lui rendre
Trente moutons pour un baiser.

Le lendemain , Philis , peu sage ,
Auroit donné moutons & chien
Pour un baiser que le volage
A Lisette donnoit pour rien.

DUFRESNY.

A 3

LA DISCRÉTION.

AIR : *Des simples Jeux de mon Enfance.*

ENFIN la charmante Lisette,
Sensible à mon cruel tourment,
A bien voulu, dessus l'herbette,
M'accorder un heureux moment.
Pressé d'une charge si belle,
Tendre gazon, relevez-vous :
Il ne faut qu'une bagatelle,
Pour alarmer mille jaloux.

QUINAULT.

LA DOUBLE FÉLICITÉ.

A I R : *La bonne aventure , ogué.*

DEDANS mon petit réduit,
  Je vis à mon aife ;
Je n'ai qu'une table , un lit ,
  Un verre , une chaife :
Mais je m'en fers chaque jour
Pour careffer tour-à-tour
Ma Pinte & ma Mie ogué , ma Pinte & ma Mie.

Le haut dégré de grandeur
  Me fait peu d'envie ;
On y doit au fpeétateur
  Compte de fa vie :
Mais , dans mon obfcurité ,
Je poffede en liberté
Ma Pinte & ma Mie ogué , &o.

Dans tous les brillans emplois
  Qu'un fot orgueil brigue ,
On eft fujet à des loix
  Dont le joug fatigue :

A 4

Pour moi, libre de tous foins,
Je prends, felon mes befoins,
Ma Pinte & ma Mie ogué, &c.

Je ne veux point des grands mots
Être la victime ;
De la gloire des Héros,
Je fais peu d'eftime.
N'ai-je pas affez vécu,
Quand j'ai fu mettre fur cu
Ma Pinte & ma Mie ogué, &c.

Qu'au travers de mille morts,
Sur la terre & l'onde,
On courre après des tréfors
Dans un nouveau monde ;
Je crois avoir tous les biens
Lorfque dans mes bras je tiens
Ma Pinte & ma Mie ogué, &c.

Des fimples & des métaux
Cherchant l'analyfe,
Pour échauffer fes fourneaux
Le fouffleur s'épuife :

Moi, fouvent, fans trop fouffler,
Je fais faire diftiller
Ma Pinte & ma Mie ogué, &c.

La promenade & le jeu
     N'ont rien qui me pique ;
Un concert me touche peu,
     Foin de la Mufique !
Je ne veux, pour m'amufer,
Que remplir & renverfer
Ma Pinte & ma Mie ogué, &c.

A UNE JEUNE DEMOISELLE.

AIR *de Joconde.*

TIRCIS vous apprend des Chanfons
     Où le cœur s'intéreffe :
On dit qu'il y joint des leçons
     Qu'infpire la tendreffe.
Craignez ce charme fuborneur ;
     C'eft un appât funefte :
L'oreille eft le chemin du cœur,
     Et le cœur l'eft du refte.

Mlle DE SCUDERI.

L'EMPLOI DU TEMS.

PLUS inconstant que l'onde & le nuage,
Le tems s'enfuit ; pourquoi le regretter ?
  Malgré la pente volage
  Qui le force à nous quitter,
    En faire usage,
    C'est l'arrêter.
  Goûtons mille douceurs ;
  Et si la vie est un passage,
Sur ce passage, au moins semons des fleurs.
MONCRIF.

A UNE INFIDELLE.

AIR : *Dans nos Hameaux.*

QUE de chagrins, de tourmens & d'alarmes,
Ingrate Iris, tes rigueurs m'ont coûté !
Faut-il encor que je verfe des larmes,
Pour déplorer ton infidélité ?

Tu me jurois une ardeur éternelle,
Et cependant tu me manques de foi :
Crois-tu trouver un amant plus fidèle ?
Il n'en eft point qui t'aime autant que moi.

Ce beau Berger, à qui tu voudrois plaire,
Sent pour Philis & pour toi même ardeur :
Quand tu m'aimois, la Reine de Cythere
N'eût pas trouvé de place dans mon cœur.

Tes faux fermens & tes trompeufes larmes
N'ont pu ternir l'éclat de ta beauté :
Reviens, Iris ; en faveur de tes charmes, .
Je ferai grace à ta légéreté.

CHAULIEU.

COUPLETS

Sur MADEMOISELLE *DE SACY,*

Dont le Pere venoit de publier un Traité
de l'Amitié.

AIR : *Des Fanatiques.*

Sur l'Amitié paroit au jour
  Un magnifique Ouvrage ;   *Bis.*
Quoique l'Auteur, par son tour,
  Y brille à chaque page,
Il en a fait, pour l'Amour,
  Un qui plaît davantage.

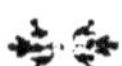

On y voit briller la douceur
  Et la délicatesse ;   *Bis.*
Tous ses traits vont jusqu'au cœur
  Y porter la tendresse :
Bien heureux est l'Imprimeur
  Qui le met sous la presse !

POIRTRAIT DE SOPHIE.

AIR : *Pour la Baronne.*

POUR Émilie,
Qu'un autre se laisse enflammer :
Si je n'avois pas vu Sophie,
Je pourrois me laisser charmer
    Par Émilie.

Sur son visage,
Mille petits trous pleins d'appas
Des Amours font le tendre ouvrage,
Sans compter ceux qu'on ne voit pas
    Sur son visage.

Sa gorge ronde
Est de marbre, à ce que je croi :
Car mortel encor, dans le monde,
N'a vu que des yeux de la foi
    Sa gorge ronde.

REGNARD.

LA CONTRADICTION.

AIR *de Joconde*.

DE la nature un doux penchant
  Nous porte à la tendresse ;
Et l'on dit que la loi défend
  D'avoir une Maîtresse ;
Mais la nature est foible en soi,
  Ou bien la loi trop dure :
Grands Dieux, réformez votre loi,
  Ou changez la nature !

LES RARETÉS.

AIR : *Va-t-en voir s'ils viennent, Jean.*

ON dit qu'il arrive ici
  Grande compagnie,
Qui vaut mieux que celle-ci,
  Et bien mieux choisie.
Va-t-en voir s'ils viennent, Jean,
  Va-t-en voir s'il viennent.

Un Abbé qui n'aime rien
  Que le Séminaire;
Qui donne aux pauvres son bien,
  Et dit son Bréviaire.
Va-t-en voir, &c.

Un Magistrat curieux
  De Jurisprudence,
Et qui, devant deux beaux yeux,
  Tient bien la balance.
Va-t-en voir, &c.

Une fille de quinze ans ,
D'Agnès la pareille ,
Qui penfe que les enfans
Se font par l'oreille.
Va-t-en voir , &c.

Une femme & fon époux ,
Couple bien fidele ;
Elle le préfere à tous ,
Et lui n'aime qu'elle.
Va-t-en voir , &c.

Un Chanoine dégoûté
Du bon jus d'Octobre ,
Un Poëte fans vanité ,
Un Muficien fobre.
Va-t-en voir , &c.

Un Breton qui ne boit point,
Un Gafcon tout bête ,
Un Normand franc de tout point ,
Un Picard fans tête.
Va-t-en voir , &c.

Une

Une femme que le tems
  A presque flétrie,
Qui voit des appas naissans,
  Sans aucune envie.
Va-t-en voir, &c.

Une Belle qui cherchant
  Compagne fidelle,
La choisit en la sachant
  Plus aimable qu'elle.
Va-t-en voir, &c.

Un savant Prédicateur,
  Comme Bourdaloue,
Qui veut toucher le pécheur,
  Et craint qu'on le loue.
Va-t-en voir, &c.

Une Nonne de Long-Champs,
  Belle comme Astrée,
Qui brûle, en courant les champs,
  D'être recloîtrée.
Va-t-en voir, &c.

Un Médecin, fans grands mots,
   D'un favoir extrême,
Qui n'envoie point aux eaux,
   Et guérit lui-même.
Va-t-en voir, &c.

Et, pour bénédiction,
   Il nous vient un Moine
Fort dans la tentation
   Comme Saint Antoine.
Va-t-en voir s'ils viennent, Jean;
   Va-t-en voir s'ils viennent.

LA MOTTE.

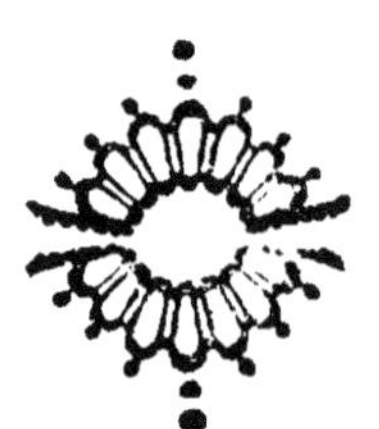

L'ANTI-RIMEUR.

AIR : *De tous les Capucins du Monde.*

TREVE aux Chanfons, ne vous déplaife :
Je ne faurois boire à mon aife,
Quand il faut arranger des mots.
Gardons, fuivant l'antique ufage,
Parmi les verres & les pots,
La liberté jufqu'au langage.

Évitons toute fervitude,
Et fuyons la pénible étude
De rimailler hors de faifon.
C'eft une plaifante maxime,
Quand il faut perdre la raifon,
De vouloir conferver la rime. *MALÉZIEU.*

LA FEMME ACCOMPLIE.

AIR : *De Nina.*

Réunir à des traits flatteurs,
Sans aigreur,
Sans humeur,
Mœurs,
Un cœur bon, un souris malin,
Un esprit, sans dessein,
Fin ;
Ce seroit un objet parfait :
Mais où le trouver cet objet ?
Philis entra ;
L'Amour cria :
Tiens, le voilà, le voilà,
Là.

LES QUAND.

AIR : *Tout roule aujourd'hui dans le Monde.*

QUAND on trouve le veſtibule
Trop ennuyeux, trop fatiguant ;
Quand, pour ſupplanter un émule,
On n'eſt pas aſſez intriguant ;
Quand le manege fait déplaire,
Quand on refuſe d'encenſer,
Quand on eſt trop vrai, trop ſincere,
A la Cour il faut renoncer.

Quand on veut voir quelque ménage
Où l'on n'entende point gronder,
Quand on veut voir quelque partage
Où l'on s'arrange ſans plaider,
Quand on veut voir veuve jolie,
Que rien ne puiſſe conſoler,
Apprenez-moi, je vous ſupplie ;
Dans quel pays il faut aller.

Quand, chez une fille jolie,
Je vois quelqu'un donner le ton,

B 3

Quand à lui plaire on s'étudie,
Quand jamais on ne lui dit non ;
Quand tout, jusqu'au chien de la belle,
Pour lui devient un vrai mouton,
Je fais qui c'eft, & je l'appelle
Le pourvoyeur de la maifon.

Quand vous voyez votre fillette
Bâiller en étendant les bras ;
Quand elle eft rèveufe & diftraite,
L'efprit toujours dans l'embarras ;
Quand elle court à la fenêtre,
Chaque fois qu'elle entend fonner,
Maman, cela vous fait connoitre
Qu'au Notaire il faut l'amener.

Quand Philis eft-elle charmée ?
Quand fa rivale a du deffous.
Quand Florife eft-elle alarmée ?
Quand elle voit fon vieux jaloux.
Quand un Auteur fait il produire ?
Quand la gaîté fait l'infpirer.
Quand voit-on les Médecins rire ?
Quand la fievre nous fait pleurer.

PANARD.

LA BELLE CURIEUSE.

AIR *de Joconde.*

Vous voulez, par une Chanson,
  Connoître ma tendreffe,
Et que je vous dife le nom
  De celle qui me bleffe :
Grand Dieu ! qu'en vous obéiffant,
  Mon plaifir eft extrême,
Puifque je trouve le moment
  De vous nommer vous-même !

Je ne faurois, de bonne foi,
  Faire ni vers ni profe ;
Mais, belle Iris, permettez-moi
  De vous faire autre chofe.
A cela près, & de bon cœur,
  Je vais vous fatisfaire.
Je voudrois vous... n'ayez pas peur ;
  Ce n'eft rien que vous plaire.

LE MOIS DE MAI.

A I R *des Triolets.*

LE premier jour du mois de Maï
Fut le plus heureux de ma vie :
Je vous vis & je vous aimai
Le premier jour du mois de Mai.
Le beau deffein que je formai !
Si ce deffein vous plut , Sylvie ,
Le premier jour du mois de Mai
Fut le plus heureux de ma vie.

RANCHIN.

LA PRÉVOYANTE.

Vous me grondez d'un ton févere,
D'avoir, malgré votre leçon,
L'autre jour, dans notre maifon,
Reçu, même écouté Valere ;
Il reviendra ce foir, je crois,
Maman ; grondez-moi pour deux fois.

Le nom d'amour, qui m'effarouche,
Il me le fait fi bien goûter,
Qu'on jureroit, à l'écouter,
Qu'il eft innocent dans fa bouche.
Il reviendra, &c.

Il me conjure avec inftance
De lui laiffer prendre un baifer ;
Me taire, c'eft le refufer :
Mais il n'entend pas mon filence.
Il reviendra, &c.

Je devrois fuir ce téméraire,
Pour agir felon vos defirs ;

Mais, quand on ne fent que plaifirs,
Comment bien marquer fa colere?
Il reviendra, &c.

En vain, contre un amant fi tendre,
De vos leçons je veux m'aider;
Il a l'art de perfuader
Mieux que vous ne favez défendre.
Il reviendra ce foir, je crois,
Maman; grondez-moi pour deux fois.

LE TÊTE-A-TÊTE.

AIR : *Ne v'là - t - il pas que j'aime.*

QUE tête-à-tête on eft heureux
Avec l'objet qu'on aime !
Lorfque l'on croit n'être que deux,
L'Amour fait le troifieme.

LA RECRUE,

COUPLETS à la Femme d'un Officier qui enrôloit des Hommes pour son Mari.

AIR *du Prévôt des Marchands.*

VOUS faites des Soldats au Roi :
Iris, est-ce là votre emploi ?
Pour vous en épargner la peine,
Que l'on assemble seulement
Ceux qu'Amour met dans votre chaîne,
Et vous aurez un Régiment.

J'y veux entrer, & que l'argent
Ne soit point mon engagement.
Je n'ai point l'ame mercenaire ;
D'un seul baiser faites les frais :
Enrôlé par ce doux salaire,
Je ne déserterai jamais.

Mais n'allez pas, pour contester,
A la taille vous arrêter.

Petit ou grand , cet avantage
A la valeur n'ajoute rien ;
C'eſt du cœur que part le courage :
Quand on aime , on ſert toujours bien.

RACINE le fils.

L'ORIGINE DE LA NOBLESSE.

AIR de Joconde.

D'ADAM nous ſommes tous enfans ,
   La preuve en eſt connue ,
Et que tous nos premiers parens
   Ont mené la charrue :
Mais las de cultiver enfin
   La terre labourée ,
L'un a dételé le matin ,
   L'autre l'après-dinée.

COULANGE.

L'ISLE DE CYTHERE.

Air : *L'Amour, la nuit & le jour.*

C'est un charmant pays
Que l'Isle de Cythere ;
Allons-y, mon Iris,
Tout à notre aise faire
    L'amour
  La nuit & le jour.

Point de nouveaux impôts
Dans l'Isle de Cythere,
Sinon sur des lourdeaux
Qui ne savent pas faire
    L'amour, &c.

Point de nouvel Edit
Dans l'Isle de Cythere :
La seule loi qu'on suit
N'ordonne que de faire
    L'amour, &c.

Point de Prince ni Roi
Dans l'Ifle de Cythere ;
Demain ce fera toi,
Si tu fais le mieux faire
   L'amour, &c.

Querelles ni procès
Dans l'Ifle de Cythere :
Car à moitié de frais
Tous font d'accord de faire
   L'amour, &c.

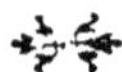

Point de mal ni de mort
Dans l'Ifle de Cythere,
Sinon d'un noble effort
Qui viendroit de trop faire
   L'amour, &c.

Pourfuites ni Sergens
Dans l'Ifle de Cythere :
Que prendre à deux Amans
Qui n'ont que de quoi faire
   L'amour, &c.

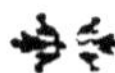

Ni cachot ni prifon
Dans l'Ifle de Cythere :

On donne un autre nom
Au lieu où l'on va faire
    L'amour , &c.

Point de fang répandu
Dans l'Ifle de Cythere ,
Qu'un peu ; mais il eft dû ,
Quand on commence à faire
    L'amour , &c.

Point de froid ni d'hiver
Dans l'Ifle de Cythere :
Quand l'un eft bien couvert ,
L'autre s'échauffe à faire
    L'amour , &c.

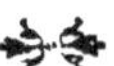

Drogues ni Charlatans
Dans l'Ifle de Cythere :
Car rien ne purge tant
Que de faire & refaire
    L'amour , &c.

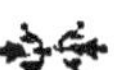

Point d'aufteres leçons
Dans l'Ifle de Cythere ;
Meres & filles ont
Même defir de faire
    L'amour , &c.   *VERGIER.*

A UN MAUVAIS PLAISANT.

AIR : *De tous les Capucins du Monde.*

QUAND vous vous efforcez de plaire,
On croit voir l'âne contrefaire
Le petit chien vif & coquet ;
Et si vous vous contentiez d'être
Un sot, comme Dieu vous a fait,
On craindroit moins de vous connoître.

ROUSSEAU.

LE PORTRAIT DE CÉLIMÈNE.

AIR *des Trembleurs.*

POUR peindre d'après nature
Célimène en miniature,
Il faudroit que la Peinture
Pût exprimer, à la fois,
D'une Nymphe le corsage,
D'une Grace le visage,
D'une Muse le langage,
D'une Sirène la voix.

MA

MA MIE.

Qui par fortune trouvera
Nymphes dans la prairie
Celle qui le plus lui plaira ,
Tenez , c'eſt bien ma Mie.
Si quelqu'une vient à danſer ,
Et d'une grace telle
Qu'elle ne fait les fleurs verſer
Hé bien ! c'eſt encore elle.

Si quelqu'un dit avec ſerment :
Je donnerois ma vie ,
Pour être aimé rien qu'un moment ;
Tenez, c'eſt de ma Mie.
Si quelqu'autre ſuit ſans eſpoir
La Nymphe qu'il adore ,
Content du charme de la voir ,
Hé bien ! c'eſt elle encore.

Églé vint aux jeux de Cérès ,
Et fut d'abord ſuivie ;

C

Égle revint le jour d'après :
    On ne vit que ma Mie.
Si quelque Nymphe a le crédit
    D'être toujours nouvelle
A vos yeux comme à votre esprit,
    Tenez ! c'est toujours elle.

L'autre matin, sous ces buissons,
    Une Nymphe jolie
Me dit : J'aime tant vos Chansons !
    Je dis : C'est pour ma Mie.
Pour célébrer ses doux attraits,
    Fait-on Chanson nouvelle ?
En y songeant, l'instant d'après,
    On chante encor pour elle.

Je lui fais maint adorateur,
    Et n'en ai jalousie ;
Amour a mis tout mon bonheur
    Dans celui de ma Mie.
Que serviroit de m'alarmer ?
    La chose est naturelle ;
Amour l'a faite pour charmer,
    Et nous pour n'aimer qu'elle.

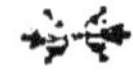

Prendre ainfi le doux nom d'Amant,
   Flatte ma fantaifie :
Elle me plaît uniquement ;
   Je l'appelle ma Mie :
Mais fi j'étois la Déité
   Qui la forma fi belle ,
Je croirois n'avoir mérité
   Que d'être enchanté d'elle.

DE MONCRIF.

LE PRIX DE LA CONSTANCE.

AIR des Triolets.

L'HONNEUR de paffer pour conftant
Ne vaut pas la peine de l'être.
Doit-on briguer fincérement
L'honneur de paffer pour conftant ?
Près de l'objet le plus charmant ,
C'eft bien affez de le paroître.
L'honneur de paffer pour conftant
Ne vaut pas la peine de l'être.

PAVILLON.

C 2

LA COQUETTERIE.

AIR *de Joconde*.

IRIS, vous connoîtrez un jour
   Le tort que vous vous faites :
Le mépris suit de près l'amour
   Qu'inspirent les Coquettes.
Cherchez à vous faire estimer,
   Plus qu'à vous rendre aimable :
Le faux honneur de tout charmer
   Détruit le véritable.

FÉNELON,

VAUDEVILLE.

J'OBTIENS ta main, ma chere Agathe :
Ah ! qu'un pareil bonheur me flatte !
Ce jour va combler mon espoir :
S'il faut qu'après l'hymen s'enfuive
Quelque échec qu'on ne peut prévoir,
Hélas ! du moins que ça m'arrive,
    Sans le savoir.

La Dame, ainsi que la Bergere,
Également cherchent à plaire,
Et s'occupent de cet espoir.
A Paris, la moindre Grisette
En fait un art matin & soir :
Mais au Village, on est Coquette,
    Sans le savoir.

Je fus toujours simple & novice :
Mais souvent dans le précipice
Je tombe sans m'appercevoir.
Si jamais je te fais injure,
Colin, ne va pas m'en vouloir ;
Car ce sera, je te le jure,
    Sans le savoir.

Sans nous parler de sa tendreffe,
Un jeune Amant nous intéreffe,
Et l'on s'accoutume à le voir :
Petit-à-petit son langage
Sur notre cœur prend du pouvoir ;
Et c'eft ainfi que l'on s'engage
     Sans le favoir.

Un tendre Amant a fa Bergere
Dérobe une faveur légere ;
C'eft un baifer qu'il veut avoir :
Enfuite il ofe davantage ;
Le cœur commence à s'émouvoir ;
La tête tourne à fon langage ,
     Sans le favoir.

Iris dormoit fur la fougere ;
Un jeune Berger téméraire
Voyant voltiger fon mouchoir :
L'occafion me favorife ;
Faifons , dit-il , notre devoir ;
La pauvre enfant fe trouva prife ,
     Sans le favoir.

LA BELLE DORMEUSE.

Air : *Réveillez - vous , belle endormie.*

Réveillez-vous , belle Dormeuse,
Si ce baiser vous fait plaisir ;
Ou , si vous êtes scrupuleuse ,
Dormez , ou feignez de dormir.

Craignez que je ne vous éveille ;
Favorisez ma trahison.
Vous soupirez ! ... Votre cœur veille ;
Laissez dormir votre raison.

Souvent, quand la raison sommeille ,
On aime sans y consentir ,
Pourvu qu'Amour ne nous éveille
Qu'autant qu'il faut pour le sentir.

Si je vous apparois en songe ,
Jouissez d'une douce erreur :
Goûtez les plaisirs du mensonge ,
Si la vérité vous fait peur.

DUFRESNY.

L'ENCHANTEMENT.

AIR : *Quand vous entendrez le doux Zéphir.*

TOUT plaît, tout rit, tout charme en ces lieux,
Lorsque j'y vois l'objet que j'adore :
Ils semblent emprunter de ses yeux
    L'éclat qui les décore.
      Ces fleurs, ces eaux,
      Le chant des oiseaux,
      Du tendre Zéphir
      L'amoureux soupir,
      Ces verds feuillages,
      Ces frais ombrages,
      Tout peint le plaisir.
Dès qu'elle part, la fleur se flétrit,
Le rossignol cesse son ramage ;
La seule tourterelle gémit
    Dans ce triste bocage.

L'ÉPICURIEN.

L'AUSTERE Philosophie,
En contraignant nos defirs,
Prétend que, dans cette vie,
Il n'eft point de vrais plaifirs.
Je renonce à ce fyftème :
Dieux ! n'en foyez point jaloux !
Dans les bras de ce que j'aime,
Suis-je moins heureux que vous ?

Eh quoi ! m'avez-vous fait naître
Avec des fens fuperflus ?
Pour avoir le plaifir d'être,
Faut-il que je ne fois plus ?
Je renonce à ce fyftème :
Dieux ! n'en foyez point jaloux !
Dans les bras de ce que j'aime,
Suis-je moins heureux que vous ?

D'un bonheur imaginaire ,
Je ne repais point mon cœur,
Lorfque le préfent peut faire
Mon unique & vrai bonheur.

Voilà quel eſt mon ſyſtême :
Dieux, devenez-en jaloux ;
Dans les bras de ce que j'aime,
Je ſuis plus heureux que vous.

Attribuée au RÉGENT.

---

*A LA PRINCESSE DE C**,*

DONT le Roi de Maroc étoit devenu amoureux, ſur ſon Portrait.

A I R : *De tous les Capucins du Monde.*

VOTRE beauté, grande Princeſſe,
Porte les traits dont elle bleſſe
Juſques aux plus ſauvages lieux ;
L'Afrique avec vous capitule ;
Et les conquêtes de vos yeux
Vont plus loin que celles d'Hercule.

ROUSSEAU.

LA MORALE DE L'AMOUR.

AIR : *Et voilà comme, & voilà justement.*

NE point s'engager sur le champ,
Aimer quelqu'un qui puisse être estimable,
Chercher, dans un tendre penchant,
Un objet moins beau que touchant ;
Pour le charmer se rendre aimable,
Le lui prouver sans trop d'empressement,
Et voilà comme, & voilà justement
Comme il faut que l'on soit en aimant.

De tout caprice hors de saison,
De vains soupçons & de toute humeur noire
Éviter le fatal poison,
Pour le cœur & pour la raison ;
N'être jaloux que de la gloire
D'aimer le mieux & le plus ardemment,
Et voilà comme, &c.

Vouloir que, sur tous nos plaisirs,
Ce soit la sagesse qui nous éclaire ;
Deviner jusques aux desirs
Du tendre objet de nos soupirs ;
Borner son triomphe à lui plaire,
Et son bonheur à l'aimer constamment,
Et voilà comme, &c.

Être vif & respectueux
Auprès de la Beauté qui nous engage,
Être sage & voluptueux,
Plaire sans être flatueux,
Faire parler, dans son langage,
Beaucoup moins l'esprit que le sentiment,
Et voila comme, &c.

Comme le délicat Buveur
Sait ménager une liqueur charmante,
Pour mieux goûter chaque faveur,
Économiser son ardeur,
Sur les foiblesses d'une Amante
Fermer les yeux, même en la soumettant,
Et voilà comme, &c.

Varier ses amusemens,
Et des neuf Sœurs savoir suivre les traces ;
Marquer, orner tous ses momens
Par quelques nouveaux agrémens ;
Faire des talens & des graces
Et des amours l'heureux assortiment,
Et voilà comme, & voilà justement
Comme il faut que l'on soit en aimant.

L'AMOUR AU VILLAGE.

AIR : *Mufette de Naïs.*

A NOTRE bonheur l'Amour préfide ;
C'eft lui qui nous choifit nos Bergers :
Des ornemens du temple de Gnide ,
Il décore nos riants vergers.
C'eft là qu'il reçoit nos facrifices ,
  Sous les doux aufpices
  Des tendres defirs ;
Et fur les autels l'encens qui fume ,
  Jamais ne s'allume
  Que par nos foupirs.

Du fragile agrément d'être belle ,
Nous ne tirons point de vanité ;
Chez nous les attraits d'un cœur fidèle
L'emportent fur ceux de la beauté.
Auffi nos Bergers, dans leur hommage ,
  N'ont point le langage
  Des trompeurs Amants :
Leur talent eft de peindre à notre ame
  Leur fincere flamme
  Par les fentimens.

Nous ignorons les tristes alarmes ;
Aux tourments notre cœur est fermé :
Si notre Berger répand des larmes,
C'est du plaisir de se voir aimé.
Plus il est sûr de notre tendresse,
   Et plus il s'empresse
   De la mériter.
Le feu délicat qui nous anime ,
   Nourri par l'estime ,
   Ne fait qu'augmenter.

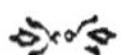

Aux douceurs d'une juste espérance
Un Berger constant peut se livrer ;
L'instant vient où notre résistance
Dans de vrais plaisirs doit expirer .
Mais l'Amant à qui l'on rend les armes,
   Des vives alarmes
   Sait nous préserver ;
Et plus ardent après la victoire ,
   Il trouve sa gloire
   A la conserver.

V A D É.

SUR L'ABBÉ CHAULIEU.

Air : *Voilà-t-il pas que j'aime ?*

J'AI couru chez le pauvre Abbé ;
    Il est sur la litiere,
Martyr du fils de Sémelé
    Et du Dieu de Cythère.

Les Amours, auprès étendus,
    Qu'avec lui l'on vit naitre,
Disent : Nous ne servirons plus ;
    C'est notre dernier maître.

L'un lit, pour charmer son repos,
    Les Annales sacrées
Où les mysteres de Paphos
    Et ses loix sont gravées.

Ils chantent cet art séducteur
    Si cher à sa mémoire,
A qui Chaulieu dut son bonheur,
    Et qui lui doit sa gloire.

Le Président HÉNAUT.

SOPHIE.

AIR : *Babet m'a su charmer.*

IL est une Sophie,
Oncq il n'en fera d'autre ;
Raviſſant d'un ſouris
Mon ame, auſſi la vôtre.
Euſſiez-vous cent ans,
Fuſſiez-vous cinq cens,
Et tout le monde encore ;
Quand ſon regard tant doux verrez,
Son parler divin entendrez,
De bouche & de cœur lui direz :
Tenez ! je vous adore:
Tenez ! je vous adore.

DE MONCRIF.

L'AVIS

L'AVIS MAL RÉCOMPENSÉ.

AIR : *Mon petit doigt me l'a dit.*

ARRÊTEZ, jeune Bergere ;
Je suis un Amant sincere :
Un Amant vous fait-il peur ?
Je n'ai qu'un mot à vous dire,
Et tout ce que je desire,
C'est de vous tirer d'erreur.

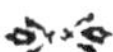

Le tems vous poursuit sans cesse ;
L'éclat de votre jeunesse
Sera bientôt effacé :
Le tems détruit toutes choses,
Et l'on ne voit plus de roses,
Quand le printems est passé.

Un peu de tendre folie
Fait d'une fille jolie
Le plaisir & le bonheur ;
Et dans le déclin de l'âge,
Un dehors fier & sauvage
Lui rend la gloire & l'honneur.

D

Par cette leçon fidelle,
Tircis preffoit une Belle
D'avoir pitié de fon mal ;
Son difcours la rendit fage :
Mais elle n'en fit ufage
Qu'au profit de fon rival.

ROUSSEAU.

LA JEUNESSE PROLONGÉE.

AIR de Joconde.

IL vous fied bien, charmante Iris,
De calculer votre âge,
Lorfque les Graces & les Ris
Sont fur votre vifage !
Votre teint vif eft du printems
Une image fidelle :
C'eft favoir arrêter le tems
Que d'être toujours belle.

Madame DE SAINTONGE

LA PROMESSE MAL GARDÉE.

AIR *des Folies d'Espagne.*

JE l'adorois cette jeune Zélie :
Aimant si bien, j'avois su l'enflammer.
Elle a changé ; je sens que je l'oublie :
Amour, Amour, je ne veux plus aimer.

❦

Ah ! j'étois né pour brûler de ta flamme,
Et ce penchant ne sert qu'à m'alarmer :
Ne m'offre rien qui séduise mon ame ;
J'aimerois trop : je ne veux plus aimer.

❦

Foible mortel, quelle crainte importune,
Me dit le Dieu ! vois, pour te mieux charmer,
J'ai rassemblé les trois Graces en une :
N'importe, Amour, je ne veux plus aimer.

❦

Thémire alors à mes yeux se présente,
Telle qu'Amour prit soin de la former ;
Je m'écriai : Sans doute elle est charmante ;
Mais, c'en est fait ! je ne veux plus aimer.

❦

Oui , du printems c'est l'image embellie ;
C'est , je le vois , mais comment l'exprimer ?
Flore , Vénus , Minerve & la Folie :
Heureusement je ne veux plus aimer.

⁂

De l'univers je la verrois suivie ;
A ses rivaux peut-on s'accoutumer ?
A l'admirer je passerai ma vie ;
C'est bien assez ; je ne veux plus aimer.

⁂

Oui , dit l'Amour , viens , suis toujours Thémire ;
Sur le péril je saurai te calmer ;
A chaque instant j'aurai soin de te dire :
Daphnis , au moins il ne faut pas l'aimer.

⁂

Par quels conseils me laissois-je séduire ?
Contre ses droits , l'Amour peut-il s'armer ?
L'enfant malin ! Je le voyois sourire ,
Quand je disois : Je ne veux plus aimer.

⁂

Depuis ce jour , sans vouloir m'en défendre,
De tous ses feux je me sens consumer ;
Belle Thémire , ai-je pu m'y méprendre ?
Vous avoir vue , hélas ! c'est vous aimer.

DE MONCRIF.

LES SOUHAITS.

A I R : *Réveillez - vous , belle Endormie.*

Que ne fuis je la fleur nouvelle
Qu'au matin Climène choifit,
Qui , fur le fein de cette Belle ,
Paffe le feul jour qu'elle vit!

❦

Que ne fuis-je le doux Zéphire ,
Qui fiatte & rafraîchit fon teint,
Et qui pour fes charmes foupire
Aux yeux de Flore, qui s'en plaint !

❦

Que ne fuis-je l'oifeau fi tendre,
Dont Climène aime tant la voix ,
Que même elle oublie , à l'entendre,
Le danger d'être feule au bois!

❦

Que ne fuis-je cette onde claire
Que, contre la chaleur du jour,
Dans fon fein reçoit ma Bergere
Qui fe croit la mere d'Amour.

❦

Dieux! fi j'étois cette fontaine !
Que bientôt mes flots enflammés...
Pardonnez : je voudrois, Climène,
Être tout ce que vous aimez.

LA MOTTE.

A MADAME **.

AIR de Joconde.

POURQUOI vous offrir à nos yeux
  Si brillante & fi belle ?
L'éclat qui vous fuit en tous lieux
  N'eft pas d'une mortelle :
L'Amour emprunte vos attraits,
  Pour faire des conquêtes,
Et laiffe repofer fes traits
  Dans les lieux où vous êtes.

HAMILTON

LE DÉPART.

IL est donc vrai, Lucile,
Vous quittez ce hameau !
Cherchez-vous à la ville
Quelque hommage nouveau ?
L'Amant qui fait entendre
Un langage apprêté,
Vaut-il un Berger tendre,
Qui dit la vérité ?

Vous verrez sur vos traces
Voler mille Galants,
Qui vanteront vos graces,
Qui peindront leurs tourmens.
C'est l'art qui les inspire,
Et non le sentiment :
Moi, j'ose à peine dire
Que j'aime tendrement.

A l'air qu'ils font paroître,
Quand ils offrent leur foi,
Vous les croiriez peut-être
Aussi tendres que moi ;

D 4

Leur vanité, Bergere,
Allume tous leurs feux :
Je n'ai ni l'art de plaire,
Ni de tromper comme eux.

PLUMETEAU.

LE PROCÈS.

AIR *des Triolets.*

Si je ne gagne mon Procès,
Vous ne gagnerez pas le vôtre ;
Vous n'aurez pas un bon succès,
Si je ne gagne mon Procès.
Vous avez chez moi libre accès :
J'en demande chez vous un autre.
Si je ne gagne mon Procès,
Vous ne gagnerez pas le vôtre.

DE LA MONNOIE.

LES PORTRAITS A LA MODE.

OBLIGER fans réferve & fans éclat,
En s'expliquant s'épargner un combat ,
Chérir la vertu, refpecter l'Etat ,
  C'étoit la vieille méthode :
Dans ce monde ne regarder que foi ,
S'égorger pour un mot, railler la Foi,
Fouler les mœurs & tranfgreffer la loi,
  Voilà les hommes à la mode.

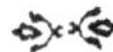

N'aimer que fon époux, & l'aimer bien,
De la décence obferver le maintien ,
Quand on la bleffoit, changer l'entretien ,
  C'étoit la vieille méthode :
Tromper mille amans & fans beaucoup d'art,
Étaler fa honte fur un rempart ,
Et ne plus rougir qu'à l'aide du fard,
  Voilà les femmes à la mode.

De fa maman fuivre les fages loix ,
Pour aimer attendre fon goût, fon choix ,
A fa cadette céder quelquefois ,
  C'étoit la vieille méthode :

D'un tas d'étourdis respirer l'encens ,
A coqueter perdre ses plus beaux ans ,
Chasser les épouseurs par les galans ,
  Voilà les filles à la mode.

Pour débrouiller de ténébreux procès ,
Fils de Thémis , hors le tems du Palais ,
Rêsloient tout le jour dans leurs cabinets ,
  C'étoit la vieille méthode :
Ne connoître que de nom le Barreau ,
Ceindre l'épée ou l'élégant couteau ,
Quitter Cujas pour courir à Rameau ,
  Voilà les Robins à la mode.

Petits Collets sans ostentation ,
Loin du fracas & de l'ambition ,
Se renfermoient dans leur profession ,
  C'étoit la vieille méthode :
Laisser la pénitence & le travail ,
Des ris , des jeux composer un bercail ,
Près d'un tendron jouer de l'éventail ,
  Voilà les Abbés à la mode.

D'un art divin ne point faire un métier ,
Lire avec fruit , toujours étudier ,
Voir la nature pour la copier ,
  C'étoit la vieille méthode :

A-peine fortant d'être régenté,
Prendre pour Mufe la futilité,
Écrire fans nerf & fans vérité,
   Voilà les Auteurs à la mode.

De la fatyre éviter le poifon,
Ne rien pefer qu'au poids de la raifon,
Rejetter le mauvais, goûter le bon,
   C'étoit la vieille méthode :
Être moins jufte, moins fin que méchant,
Enlaidir tout par un jaloux penchant,
Et prodiguer l'injure pour l'argent,
   Voilà le Cenfeur à la mode.

Sur un Théâtre fans gêne, aifément
De l'expreffion montrer l'ornement,
D'après fon cœur rendre le fentiment,
   C'étoit la vieille méthode :
Rétrécir fon ame fous le compas,
Hauffer & baiffer lentement un bras,
Marcher par bonds, réciter par éclats,
   Voilà les Acteurs à la mode.

A UNE DAME,

En lui envoyant une Pierre antique.

AIR : *Du haut en bas, &c.*

Sous ce cachet,
Tu peux m'écrire sans scrupule,
Sous ce cachet ;
L'Amour le fit pour le secret :
Il le grava du tems de Jule.
Lesbie (*) écrivoit à Catulle,
Sous ce cachet.

Le Préfident HÉNAUT.

(*) *Lesbie, Dame Romaine, Maîtreſſe de Catulle.*

LES DEUX SŒURS.

AIR *de Joconde.*

AH ciel ! quel beau couple de Sœurs
   A mes yeux se présente !
Que d'écueils pour de jeunes cœurs !
   L'une & l'autre est charmante.
Mais, sans mettre en comparaison
   Leur beauté peu commune,
Soit par sympathie ou raison,
   J'aimerois mieux la Brune.

La cadette a pourtant le prix
   Par un autre mérite ;
Les Graces, les Jeux & les Ris
   Badinent à sa suite :
L'Agrément, joint à la Beauté,
   Enchante tout le monde ;
Et je crois que, tout bien compté,
   J'aimerois mieux la Blonde.

Ah ! que l'aînée a de beaux yeux !
   Quelle charmante bouche !
Que son sourire est gracieux
   Tous les cœurs elle touche !

Son férieux même fera
  Quelque jour la fortune
De l'heureux époux qu'elle aura :
  J'aimerois mieux la Brune.

Mais, quand je regarde de près
  Son aimable cadette ,
Je fens balancer mes fouhaits :
  Qu'elle eft belle & bien faite :
Sa blancheur efface les lis ;
  Sa taille eft fans feconde :
Du premier choix je me déais :
  J'aimerois mieux la Blonde.

Comme un fer entre deux aimants
  Demeure en équilibre ,
Mon cœur , entre vous balançant , ,
  D'aucun côté n'eft libre.
Si l'on me donnoit à choifir
  De cœurs comme les vôtres,
Je dirois , de peur de faillir ,
  J'aimerois l'une & l'autre.

L'ASYLE DE L'AMOUR,

AIR : *Sortez de vos retraites.*

ALLONS fous ces coudrettes ,
Allons-y deux à deux ,
Conter nos amourettes ,
Jouer aux plus doux jeux :
Les gazons de verdure
Sont des lits fi charmans !
La prudente Nature
Les fit pour les Amans.

Amour , de nos bocages ,
Écarte les jaloux ;
Épaiffis ce feuillage ,
Pour tromper leur courroux,
Apprenez à vous taire
Au bruit de nos foupirs ;
Échos , c'eft le myftere
Qui préfide aux plaifirs.

Cherchez d'autres retraites ,
Vous , qui craignez d'aimer ;
Le fon de nos mufettes
Toujours fait nous charmer :

L'air qu'ici l'on refpire
Fait naître plus d'ardeurs ,
Que Flore & le Zéphire
N'y font naître de fleurs.

A UNE CÉLEBRE ACTRICE.

AIR : *De tous les Capucins du Monde.*

CETTE Actrice, en tout accomplie ,
Sur la Scène fe multiplie
Avec tant d'art & d'agrément ,
Qu'on peut éprouver , quand on l'aime ,
Tous les plaifirs du changement
Jufques dans la conftance même.

ROUSSEAU.

COUPLETS

COUPLETS

Adreſſés à une Princeſſe , à la fin du Bal
de l'Opéra.

AIR *de Joconde.*

QUOI ! j'aurois pu vous amuſer ,
Adorable Princeſſe !
Que ne puis-je me déguiſer ,
Pour vous parler ſans ceſſe !
Tout mon eſprit eſt dans vos yeux :
Le deſir de vous plaire
A mis deux fois au rang des Dieux
Un mortel ordinaire.

Si j'ai pu vous inquiéter ,
Pardonnez mon audace ;
Je me flatte de mériter
Que vous me faſſiez grace :
Mon crime fût-il des plus grands ,
Mon repentir l'efface ;
Et l'hommage que je vous rends ,
Me remet à ma place.

E

Cette prompte nuit va finir
    Ma brillante aventure ;
De mon bonheur le souvenir
    Deviendra ma torture.
Je vous verrai, fille des Dieux,
    Au féjour du tonnerre :
Vous allez rentrer dans les cieux ;
    Je refte fur la terre.

L'Abbé DE LA MARRE.

NICODÈME.

Baise-moi donc, me difoit Blaife.
Nenni ! nenni ! je ne fuis pas fi niaife ;
    Ma mere me le défend bien.
    Mais voyez ce grand Nicodème !
    Sa mere ne lui défend rien :
    Que ne me baife-t-il lui-mème !

AUTREAU.

L'AMOUR RÉVEILLÉ.

A I R : *Réveillez - vous , belle endormie*

DANS un bois solitaire & sombre ,
Je me promenois seul un jour ;
Un enfant y dormoit à l'ombre :
C'étoit le redoutable Amour.

J'approche , sa beauté me flatte ;
Mais j'aurois dû m'en défier :
J'y vis tous les traits de l'ingrate
Que j'avois juré d'oublier.

Il avoit la bouche vermeille ,
Le teint aussi vif que le sien :
Un soupir m'échappe... il s'éveille :
L'Amour se réveille de rien.

Aussi-tôt , déployant ses aîles ,
Et saisissant son arc vengeur ,
D'une de ses fleches cruelles ,
En partant , il me blesse au cœur.

Va , dit-il , aux pieds de Sylvie ,
De nouveau languir & brûler :
Tu l'aimeras toute ta vie ,
Pour avoir ofé m'éveiller.

La Motte.

LE PORTRAIT DU DIABLE.

Air : *Quoi! ma Voifine , eft-tu fâchée ?*

IL a la peau d'un rot qui brûle ,
    Le front cornu ,
Le nez fait comme une virgule ,
    Le pied fourchu ,
Le fufeau dont filoit Hercule
    Noir & tortu ,
Et, pour comble de ridicule,
    La queue au cu.

Piron.

LE CHOIX.

A I R : *J'aime une ingrate Beauté,*

L'AMOUR venant m'embraffer
Au fond d'un bois folitaire,
Dit : Je veux récompenfer
Ton cœur fidèle & fincère.
  Mon pouvoir partagé
  En fera le falaire ;
  Vois, dans tout ce que j'ai,
  Ce qui pourroit te plaire.

Ton cœur veut-il voltiger ?
Je t'abandonne mes aîles.
—Non , je ne veux point changer ;
J'aime la Reine des Belles.
  —Accepte donc mes traits :
  —Eh ! qu'en pourrois-je faire ?
  —Je renonce aux attraits
  De toute autre Bergere.

—Mon flambeau te plaît-il mieux ?
—J'ai tout fon feu dans mon ame ;
Pour moi l'objet de mes vœux
Brûle de la même flamme.

Que puis-je defirer ?
N'ai-je pas la richeffe ,
Quand je fais foupirer
Mon aimable Maitreffe ?

Je n'ai plus que mon bandeau ,
Me dit-il avec colere :
C'eft le préfent le plus beau
Que l'Amour puiffe te faire.
    Si d'infidélité
    Ta Bergere eft capable ,
    Qu'il t'ôte la clarté
    Et cache la coupable.

LES PROBLÊMES.

Air : *Tout roule aujourd'hui dans le monde.*

Qui des deux est le plus à plaindre,
De la Veuve ou de l'Orphelin ?
Qui des deux est le plus à craindre,
De la fievre ou du Médecin ?
Du Plumet ou de la Coquette,
Lequel fait mieux l'art de changer ?
L'égalité semble parfaite ;
L'affaire est encore à juger.

Les Gens de Robe & de Finance
Dans leurs métiers font différens :
Mais ils ont une ressemblance ,
C'est qu'ils vivent à nos dépens.
Qui des deux fait mieux nous détruire ?
Qui des deux fait mieux nous ronger ?
C'est ce que je ne puis vous dire ;
L'affaire est encore à juger.

Il est des chevaux qui promenent,
Il en est qui font promenés ;
Combien en voyons-nous qui trainent ?
Combien en est-il de traînés ?

C'eſt un calcul qu'en cette ville
Maint chiffreur voudroit arranger :
Mais l'ouvrage eſt trop difficile ;
L'affaire eſt encore à juger.

Lorſque , dans l'amoureux myſtere ,
Deux jeunes & tendres Amans
D'un feu mutuel & ſincere
Reſſentent les tranſports charmans ,
Qui des deux goûte davantage
Le doux plaiſir de s'engager ?
Sont-ils égaux dans leur partage ?
L'affaire eſt encore à juger.

Trois ſuppôts d'humeur mercenaire ,
Huiſſier , Procureur & Greffier ,
Furent , par les Dieux en colere ,
Deſtinés pour nous châtier.
Qui des trois a la main plus libre ,
Plus adroite pour vendanger ?
La balance eſt en équilibre ;
L'affaire eſt encore à juger.

De Canente & de Cythérée ,
Philis réunit les attraits ;
Sa voix , en tout lieu admirée ,
Nous enchante autant que ſes traits :

Eft-ce à la voir, eft-ce à l'entendre,
Que l'on court le plus de danger ?
C'eft ce qu'aucun n'a pu m'apprendre ;
L'affaire eft encore à juger.

PANARD.

L'ENTREPRISE DIFFICILE.

AIR *des Triolets.*

GARDER fon cœur & fon troupeau,
C'en eft trop pour une Bergere :
Qu'on a de peine, quand il faut
Garder fon cœur & fon troupeau !
Quand tous les Bergers du hameau
Et tous les loups lui font la guerre,
Garder fon cœur & fon troupeau,
C'en eft trop pour une Bergere.

RANCHIN.

LE CONTRAT.

A I R : *De tous les Capucins du monde.*

PARDEVANT le Dieu de Cythere,
Qui, pour le moins, vaut un Notaire,
Iris, voulez-vous contracter
Une promesse respective,
Moi de vivre pour vous aimer,
Vous de m'aimer pour que je vive ?

De tout mon cœur je sacrifie
A tous les plaisirs de la vie ;
Le bonheur d'être aimé de vous,
Sur quelque espoir que l'on se fonde,
Est le moindre péché de tous,
Et le plus grand plaisir du monde.

DUFRESNY.

LA NOUVELLE LESBIE.

AIR : *Nous jouiſſons dans nos Hameaux.*

CATULLE a tant imaginé
  D'attraits dans ſa Lesbie,
Que je crois qu'il a deviné
  Comment feroit ma Mie.
Qui veut tracer fidélement
  Des Graces le modèle,
N'a qu'à venir tout uniment
  La voir, tout prendre d'elle.

J'avois, par de rians portraits,
  Avant de la connoître,
Chanté les plus charmans objets
  Que le ſiecle a vu naître :
Tous ces portraits, quand je la vois,
  Elle me les rappelle ;
Plus ils ſont beaux, & plus je crois
  N'avoir peint jamais qu'elle.

Conſultant un jour ſon miroir,
  Hébé, par jalouſie,
Regardoit, cherchant à ſe voir
  Belle comme ma Mie ;

Et se trouvant pleine d'attraits,
  Elle dit : Quel dommage !
Il est vrai, j'ai bien tous ses traits ;
  Que n'ai-je son langage !

Diane veilloit son Amant,
  Dormant dans la prairie,
Quand, d'un pas léger & charmant,
  Près d'eux survint ma Mie :
Quel bonheur, dit-elle tout bas,
  Que mon Amant sommeille !
Non, que ses yeux ne s'ouvrent pas !
  Je le perds, s'il s'éveille.

MONCRIF.

VAUDEVILLE

DU BALLET DES SAVOYARDS.

AIR : *De la Piece curieuse.*

Vous allez voir, Meffieurs, Mefdames,
  Tout ce que vous allez voir ;
Un Fat qui dit du bien des femmes,
  Et qui les fert fans efpoir ;
Un Guerrier conftant & difcret,
Qui rougit près d'un jeune objet :
Ah ! la rareté merveilleufe !
    La Piece curieufe !

Ah ! remarquez un beau modèle
  D'amour envers un Mari ;
C'eft une Époufe jeune & belle
  Qui pleure un Vieillard chéri ;
Elle va defcendre au tombeau,
Pour s'y joindre à fon tourtereau.
Ah ! la rareté , &c.

Voyez deux Petites-Maîtreffes,
  Qu'une amitié tendre unit ;
Point de noirceur dans leurs careffes,
  Leur cœur parle , & non l'efprit.

Voyez comme, par fentiment,
L'une cache à l'autre un Amant.
Ah ! la rareté , &c.

Vous allez voir un Petit-Maître
 Qui cache fes rendez-vous ;
Heureux , fans vouloir le paroitre ,
 Il brûle fes billets doux :
Aux égards dus à la Beauté
Il immole fa vanité.
Ah ! la rareté , &c.

Un Auteur qui fe rend juftice ,
 Un Critique fans aigreur ,
Un jeune Page fans malice ,
 Une Prude fans vapeur ,
Un Valet , devenu Commis
Qui hante fes anciens amis.
Ah ! la rareté , &c.

Une Coquette furanée ,
 Qui n'a plus foin de fon teint ;
Qui , fongeant au tems qu'elle eft née ,
 Renonce au ton enfantin ;
Des Belles louant les attraits ,
Sans glifler un perfide *mais* ;
Ah ! le rareté , &c.

Un Bel-Efprit fans perfidie ,
  Sans orgueil & fans jargon ,
Qui de la bonne compagnie
  N'a point pris le mauvais ton ,
Et qui ne déchira jamais
Ses amis par de malins traits :
Ah ! la rareté merveilleufe !
  La Piece curieufe !

L'INCONSTANCE FIDELLE.

AIR : *De tous les Capucins du monde.*

JE veux une femme accomplie ,
Qui, pour plaire, fe multiplie
Avec tant d'art & d'agrément ,
Qu'on puiffe éprouver, quand on l'aime,
Tous les plaifirs du changement,
Jufques dans la conftance même.

J. B. ROUSSEAU.

LA MÉPRISE.

AIR : *L'autre jour, étant assis.*

L'AUTRE jour, prenant le frais,
Vous dormiez sur la fougere ;
L'Amour, voyant tant d'attraits,
De loin vous prit pour sa mere :
  S'approchant de plus près,
  Il dit : Ce n'est point elle ;
  Ce sont les mêmes traits,
  Mais Vénus est moins belle.

L'INDULGENCE.

L'INDULGENCE.

A PEINE ai-je quitté l'enfance,
Que nos Bergers me font la cour ;
En vain maman me fait défenfe
D'écouter un feul mot d'amour :
Sur ce point, fouvent je friponne ;
Si quelqu'un s'y prend joliment,
Je gronde d'abord hautement :
Mais tout bas mon cœur lui pardonne.

Tous les matins, dans la prairie,
L'Amour fait moiffonner des fleurs ;
Aux Bergeres les plus jolies,
On en fait des marques d'honneur.
Quand, par hafard, quelqu'un m'en donne
Par un air froid & nonchalant
Je déconcerte le Galant :
Mais tout bas mon cœur lui pardonne.

Sur mes cheveux, mon teint, ma taille
Colin fait de tendres Chanfons ;
Je feins de croire qu'il me raille :
De maman je fuis les leçons,

F

Quand , pour moi , fa flûte raifonne ,
Pour ne point faire de jaloux ,
J'affecte un modefte courroux :
Mais tout bas mon cœur lui pardonne.

Quand , tête-à-tête en un bocage ,
Je me trouve avec ce Berger ,
Ses yeux , fes mains font le langage
Dont il fe fert pour m'engager.
Si je feins d'appeller ma bonne ,
Il n'en devient pas plus difcret :
Je crois qu'un démon , en fecret ,
Lui dit que mon cœur lui pardonne.

DE LA GARDE.

LA CONSTANCE.

A I R : *Ne v'là - t - il pas que j'aime.*

IL faut, quand on aime une fois,
   Aimer toute fa vie :
Le bonheur dépend d'un beau choix,
   Et j'ai choifi Sylvie.

Vénus, fléchiffez fa rigueur,
   Son empire eft le vôtre ;
Ses regards font plus fur un cœur,
   Que les faveurs d'une autre.

Un cœur qui s'eft laiffé charmer,
   Goûte un bonheur fuprême ;
Le plaifir qu'on fent à s'aimer,
   Ajoute à l'amour même.

Tout ce qu'on voit en ces beaux lieux
   Nous vante fa conftance ;
Les amours même les plus vieux
   Ont l'air de l'efpérance.

Le même rameau, tous les ans,
   Revoit ses tourterelles :
Le bonheur de vivre constans,
   N'est-il fait que pour elles ?

Pour Céphale, on a vu couler
   Les larmes de l'Aurore ;
Le tems n'a pu la consoler :
   Elle en répand encore.

Le ruisseau, fidèle à son cours,
   Arrose la prairie ;
Déjà, du fruit de leurs amours,
   Cette épine est fleurie.

Le Président HÉNAUT.

LA PRIERE MAL EXAUCÉE.

SI l'on peut compter fur un cœur ,
C'eft fur le cœur d'une Bergere :
Par fon air naïf & trompeur ,
Ma Corine avoit fu me plaire ;
Je la trouvois belle fans fard ,
Je chériffois fon cœur fans art :
Mais , comme une autre , elle eft légere.

Amour , venge un fidèle Amant
Des trahifons d'une infidelle :
Fais-lui perdre quelque agrément
A chaque inconftance nouvelle.
Hélas ! tu ne m'écoutes pas !
Loin d'ôter rien à fes appas ,
Chaque forfait la rend plus belle.

L'Abbé MANGENOT.

LE COLIN-MAILLARD.

JE rêvois, l'autre jour,
Qu'avec vous & l'Amour,
Je jouois fur l'herbette,
A certain jeu, Nanette,
Où l'on va jufqu'à neuf,
En comptant tour-à-tour.
Je te tiens, dit ce Dieu : fuivant la loi commune,
De trois chofes, tu dois pour le moins en faire une :
Aime Nanette tendrement,
Aime-la fans partage,
Aime-la conftamment.
Tout autre, foumis à l'ufage,
N'eût rempli qu'une de ces loix :
Pour moi, volontiers je m'engage
A les accomplir toutes trois.

PANARD.

LES REPROCHES.

A I R : *Dans ma Cabane obscure.*

UNE faveur, Lisette,
M'a prouvé ton amour :
Au son de ma musette,
Tu dansois l'autre jour ;
Sur celle de Sylvandre,
Tu ne danserois pas :
Mais tu daignes l'entendre ;
Non, tu ne m'aimes pas.

Pour toi, dans la prairie,
Je faisois un bouquet ;
Je l'offrois à Sylvie,
D'un air assez coquet ;
Je feins de rendre hommage
A de nouveaux appas ;
Tu n'en prends point d'ombrage :
Non, tu ne m'aimes pas.

Quand, te trouvant seulette,
Je conte ma langueur,
Tu parois inquiette,
Ton esprit est rêveur :

L'abfence de Sylvandre
Caufe ton embarras ;
Ton cœur fouffre à m'entendre :
Non, tu ne m'aimes pas.

Lorfque, deffus l'herbette,
Mon chien vient te flatter,
D'un coup de ta houlette,
On te voit l'écarter ;
Et quand le fien, cruelle,
Par hafard fuit tes pas,
Par fon nom tu l'appelle :
Non, tu ne m'aimes pas.

L'autre jour, dans la danfe,
Avec moi fous l'ormeau,
Tu fuivois la cadence
De mon doux chalumeau ;
De loin, tu vis Sylvandre,
Et tu fis un faux pas ;
Je fus bien le comprendre :
Non, tu ne m'aimes pas.

Son ame fut ravie,
Mon pipeau s'en rompit,
Et la danfe finie,
(J'en rougis de dépit)

Ce Berger, d'un air tendre,
Te dit un mot tout bas,
Et tu daignas l'entendre :
Non, tu ne m'aimes pas.

LES AVEUGLES.

AIR : *Jardinier, ne vois - tu pas.*

BERGERE, détachons-nous
  De Newton, de Descartes :
Ces deux especes de fous
N'ont jamais vu le dessous
Des cartes, des cartes, des cartes.

Le Marquis de SAINT-AULAIRE.

L'ÉNIGME.

AIR : *La trop innocente Colette,*
ou *comme v'là qu'c'est fait.*

QUE notre ignorance est extrême !
Toujours douter, est notre lot ;
Le flambeau de la raison même
N'est pour nous qu'un foible falot.
Sans savoir ni pourquoi ni comme,
On naît, on meurt presque aussi-tôt ;
L'homme est une énigme pour l'homme :
Quand on en veut chercher le mot,
   On est tout sot,
   On est tout sot.

L'Abbé PRÉVOST.

A Madame la Princesse
DE LIXIN.

Air *de la Romance d'Alix & d'Alexis.*

Aux demi-Dieux que Flore enchante,
    J'ai dit : Venez ;
C'est une énigme que je chante :
    Or devinez !
Mais craignez que d'un trait de flamme,
    Certain enfant
N'en imprime, au fond de votre ame,
    Le mot charmant.

Quel portrait ce mot renouvelle
    Dans notre esprit !
A mesure qu'il est fidèle,
    Il s'embellit ;
Lorsqu'il enchante, on ne peut craindre
    Qu'il soit fiatté ;
A peine l'art va jusqu'à peindre
    La vérité.

Ce mot eſt une enchantereſſe,
    Vous la verrez ;
Votre cœur ſera dans l'ivreſſe,
    Et vous direz :
Tous les ſecrets qu'en Theſſalie
    On ſut former
N'égaloient pas ceux d'Auſtraſie,
    Pour faire aimer.

Ce charme qu'en elle elle ignore
    En eſt plus fort.
Qui la connoit, bientôt l'adore :
    Voilà ſon fort.
Par ſon pouvoir, la fuite eſt vaine,
    Et, malgré vous,
Du bout du monde, il vous ramène
    A ſes genoux.

Celui qui, bravant l'eſclavage,
    A pu la voir,
Contre un autre écueil fait naufrage
    Sans le prévoir.
Au doux charme qui vous attire
    En l'écoutant,
On croit ſeulement qu'on admire,
    On eſt amant.

Tenez! on ne peut s'y méprendre,
    M'ont-ils dit tous :
L'énigme est aisée à comprendre ;
    Écoutez-nous.
C'est à Paphos que , par fortune ,
    Amour voulut
Unir les trois Graces en une :
    Lixin parut.

DE MONCRIF.

LE TOMBEAU DE L'AMOUR,

AIR : *Ton himeur est , Catherine.*

L'AMOUR à nous vaincre est preste ;
Mais la défaite d'un cœur
Lui devient souvent funeste :
Il meurt dès qu'il est vainqueur.
Ainsi quand le frêlon blesse ,
Il succombe à son effort ;
Et l'aiguillon qu'il nous laisse ,
Est la caufe de sa mort.

LA DOUBLE MÉPRISE.

AIR : *Tout roule aujourd'hui dans le Monde.*

L'AUTRE jour, l'Enfant de Cythere,
Sous une treille, à demi-gris,
Difoit, en parlant à fa mere :
Je bois à toi, ma chere Iris.
Vénus le regarde en colere :
Calmez, Maman, votre courroux ;
Si je vous prends pour ma Bergere,
J'ai pris cent fois Iris pour vous.

BAINVILLE.

AUX MARIS.

A I R : *Que ne suis-je la fougère ?*

DE la sombre jalousie,
Maris, fuyez le poison :
Cette noire frénésie
Vous prive de la raison.
Si des rivaux redoutables
Causent vos tourmens secrets,
En vous rendant plus aimables,
Renversez tous leurs projets.

Argus, auprès d'une Belle,
Eut beau veiller nuit & jour :
Malgré sa garde éternelle,
Il fut dupé par l'Amour.
Si ce gardien si sévere
Ne put rien avec cent yeux,
Hélas ! que pourriez-vous faire,
Vous, qui n'en avez que deux ?

Si votre épouse est fidelle,
A tort vous vous alarmez ;
Si l'Amour ailleurs l'appelle,
En vain vous vous gendarmez.

Par douceur, vous pourriez être
Excepté du fort commun :
Mais, fi vous parlez en maître,
Je parierai cent contre un.

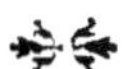

La contrainte dont on ufe
Par un jaloux mouvement,
D'une femme accroît la rufe,
Et les defirs d'un amant.
Souvent même on ne s'engage
Dans un commerce galant,
Que pour goûter l'avantage
De tromper un furveillant.

Pour trop ufer de remede,
Bien fouvent on fe détruit ;
De l'erreur qui vous poffede,
Jaloux, c'eft là tout le fruit :
Vos précautions féveres
Avancent l'inftant fatal,
Et vos peurs imaginaires
Réalifent votre mal.

PANARD.

CANTIQUE

CANTIQUE SPIRITUEL
D'UN PARALYTIQUE.

AIR : *Ne v'là-t-il pas que j'aime ?*

POUR moi, vous croyez qu'il n'eft plus
　De plaifir dans la vie :
Je trouve moi, bien que perclus,
　Mon fort digne d'envie.

De mes pieds & mains engourdis,
　Lorfque je perds l'ufage,
D'un avant-goût du Paradis
　Je fais l'apprentiffage.

N'avoir aucun fens en défaut,
　Me paroît bien commode :
Car vous favez bien que là-haut
　Tout change de méthode.

Nous laifferons en ces bas lieux
　La dépouille mortelle,
Et nous n'en jouirons que mieux
　De la vie éternelle.

G

Dans ce féjour délicieux
 Des céleftes merveilles,
Nous aurons des plaifirs fans yeux,
 Sans mains & fans oreilles.

Aux plaifirs des fens renoncer
 Pour vous fera bien rude ;
Et moi, de favoir m'en paffer
 J'aurai pris l'habitude.

Un jour pourtant Dieu nous rendra,
 Confolez-vous, Mefdames,
Nos yeux, nos mains & cætera,
 Nos corps avec nos ames.

LA CONDAMINE.

A UNE DAME,

QUI avoit quitté le rouge à vingt-deux ans.

AIR *des Folies d'Espagne.*

D'AME, d'esprit, de corps, qu'elle étoit belle !
Trop belle, hélas ! de plus de la moitié :
Comment le ciel rassembla-t-il en elle
Ce qu'on envie & ce qui fait pitié ?

Alexandrine, objet tant admirable,
Tréfor d'esprit, de talens & d'appas,
Vous aviez donc tout ce qui rend aimable !
Oui, tous les dons, & ne le saviez pas.

On me dira : Voyez la belle histoire !
On est charmante, on l'ignore ? Non, non :
Au fond du cœur, ne voulant pas le croire,
La plus modeste en a quelque soupçon.

Non, celle-ci ne connoît, ne respire
Rien que vertu ; c'est sa beauté, son bien :
Comment songer aux erreurs qu'elle inspire ?
Elle jugeoit tous les cœurs sur le sien.

Je vois encor, lorfqu'elle alloit au **Temple**,
Les yeux s'ouvrir & les cœurs fe troubler ;
Un feul moment, fi-tôt qu'on la contemple,
Adieu raifon ! il n'en faut plus parler.

L'un fe difoit : Moi ! fa vertu m'enchante,
Non fa beauté ; c'eft un frêle ornement :
L'autre penfoit : Que mon ame eft contente !
J'aime l'efprit, & le fien eft charmant.

O gens de bien ! c'eft ainfi qu'on s'abufe :
Refpect, eftime eft langage emprunté ;
Sous un faux nom, le fentiment s'excufe ;
Tout eft amour auprès de la Beauté.

Mais fes Amans, dans le fond de leur ame,
Cachent leurs feux, diffimulent leurs maux :
On la connoît, le devoir feul l'enflamme,
Et ce vainqueur n'aura point de rivaux.

L'un d'eux pourtant, ambulante pagode,
Avec éclat fe produit fur fes pas :
Brillans atours, mines, mots à la mode
Sont employés ; on ne l'apperçoit pas.

De tels muguets que l'engeance eſt méchante !
Malheur à qui s'en laiſſe environner !
Ils vont lorgnant une roſe naiſſante ,
Se diſputant l'honneur de la faner.

En vers galans faits pour Alexandrine,
Notre indiſcret ſon amour étala ;
Les voici tels qu'un jour , à la ſourdine,
Sur ſa toilette un griſon les coula.

« Si vous jugez crimes impardonnables
» Les feux d'amour dont on brûle pour vous,
» Vous ne verrez jamais que des coupables :
» Moi, croyez-moi, je le ſuis plus qu'eux tous ».

Fuyons , dit-elle en ſa douleur profonde ;
Allons gémir au fond des monumens :
Comment peut-on vivre encor dans le monde ,
Quand, par malheur , on y fait des Amans ?

De cet inſtant , voilant toujours ſes charmes
Dans l'appareil du plus funebre deuil ,
Pour paſſe-tems, elle verſoit des larmes,
Et pour ſophas , elle avoit un cercueil.

Dans son printems , voir le talent déplaire ;
Comme un malheur , vouloir s'en délivrer :
Quel rare exemple ! un ange de lumiere
Vint tout exprès du ciel pour l'admirer.

O Chérubins ! tremblez , elle est trop belle ;
Fermez les yeux , craignez un tel écueil :
La chûte , hélas ! est bien plus naturelle
De succomber à l'amour qu'à l'orgueil.

DE MONCRIF.

L'ÉGALITÉ.

AIR *du Prévôt des Marchands.*

L'AMOUR égale , sous sa loi ,
La Bergere ainsi que le Roi :
Si-tôt qu'il en fait sa Maîtresse ,
Si-tôt qu'elle a pu l'engager ,
La Bergere devient Princesse ,
Et le Prince devient Berger.

LES AMOURS
DE COLIN ET COLETTE.

AIR : *Où s'en vont ces gais Bergers ?*

COLIN, à-peine à seize ans,
    Aimoit déja Colette ;
Colette, à peine à treize ans,
    Écoutoit la fleurette :
Onc ne vis de si jeunes Amans
    Que Colin & Colette.

Colin sent déjà des feux,
    En secret il soupire :
Colette forme des vœux,
    Et cache son martyre :
Colette & Colin s'aiment tous deux,
    Sans oser se le dire.

Ils s'en alloient sans dessein ,
    Le matin, sur l'herbette ;
Le cœur battoit à Colin :
    Il battoit à Colette ;
Son bouquet lui tombe de la main :
    Colin perd sa houlette.

Il s'approche doucement :
Un foupir le décèle ;
L'un regarde tendrement :
L'autre en devient plus belle.
Qu'as-tu donc, lui dit-il en tremblant ?
Qu'as-tu donc, lui dit-elle ?

Colette, au dedans de moi ,
Je fens un trouble extrême :
Moi, Colin, auprès de toi,
Je le fens tout de même :
Ah ! Colette, je t'aime, je croi ;
Colin , je crois, je t'aime.

Pour l'ufage de fes dons,
Nature les éclaire ;
Un Dieu, par des charmes prompts,
Les conduit au myftere :
En amour, il n'eft pas de leçons
Qui vaillent la premiere.

LE MIROIR (*).

Air : *Nous jouiffons dans nos Hameaux.*

Miroir officieux, je doi
　T'aimer toute ma vie :
Je poffede, graces à toi,
　La charmante Sylvie ;
Et je te regarde, en ce jour,
　Comme un Dieu tutélaire,
Qui fait pour moi plus que l'Amour
　N'auroit jamais pu faire.

Miroir plus Peintre que La Tour,
　Plus prompt & plus fincere,
Et vous, mes trumeaux, tour-à-tour
　Répétez ma Bergere :
Croyez que jamais vous n'aurez
　De plus parfait modèle,
Et que plus vous l'embellirez,
　Plus vous ferez fidèle.

(*) *L'Auteur avoit chez lui un Miroir dont les ornemens antiques étoient eftimés ; une Dame très-jolie voulut le voir, & il lui donna ces trois Couplets.*

Glace, ne faites votre effet
　Qu'en faveur de ma Belle ;
Obfcure pour tout autre objet,
　Ne repréfentez qu'elle.
Par le même art , en ma faveur,
　Et contre votre ufage ,
Puiffiez-vous, ainfi que mon cœur,
　Conferver fon image !

PIRON.

LA FEVE DES ROIS.

AIR : *De tous les Capucins du Monde.*

FAISANT les Rois avec Climène ,
Une fève la rendit Reine :
Tout le monde en fut enchanté.
L'Amour me chargea de lui dire ,
Qu'il approuvoit fa Royauté ,
Et qu'il lui cédoit fon Empire.

LA FANTAISIE.

AIR des *Folies d'Espagne*.

ELLE m'aima, cette belle Aspasie,
Et bien en moi trouva tendre retour :
Elle m'aima ; ce fut sa fantaisie :
Mais celle-là ne lui dura qu'un jour.

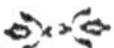

Le jour d'après, cette belle Aspasie
Entend Mirtil chanter l'hymne d'amour :
Elle l'aima ; ce fut sa fantaisie ;
Et celle-là ne lui dura qu'un jour.

Toujours aimant, cette belle Aspasie
A pris, quitté nos Bergers tour-à-tour :
Ils sont fâchés ; moi, je la remercie ;
Las ! elle fait passer un si beau jour !

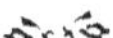

Pour ramener une belle Aspasie,
C'est grand abus de montrer du courroux
Si réclamez sa douce fantaisie,
Elle dira : Que ne l'inspirez-vous ?

Lors j'apperçus cette belle Afpafie ;
Qu'un doux fouris coloroit fes attraits !
Elle reprit fa douce fantaifie ,
Et me donna même le jour d'après.

Amans quittés d'une belle Afpafie ,
Ayez près d'elle un modefte maintien ;
Ne prétendez gêner fa fantaifie :
Qui plaît eft Roi , qui ne plaît plus n'eft rien.

DE MONCRIF.

L'ORAGE.

Air : *Mon jeune cœur palpite.*

Lise, entends-tu l'orage ?
Il gronde, l'air gémit !
Sauvons-nous au bocage :
Lise doute & frémit.
Qu'un cœur foible est à plaindre,
Dans ce double danger !
C'est trop d'avoir à craindre
L'orage & son Berger.

Mais cependant la foudre
Redouble ses éclats :
Que faire & que résoudre ?
Faut-il donc suivre Hylas ?
De frayeur Lise atteinte,
Va, vient, fuit tour-à-tour :
On fait un pas par crainte,
Un autre par amour.

Lise au bosquet s'arrête,
Et n'ose y pénétrer :
Un coup de la tempête
Enfin l'y fait entrer.

La foudre au loin s'égare ;
On échappe à ses traits :
Mais ceux qu'Amour prepare
Ne nous manquent jamais.

Ce Dieu, pendant l'orage,
Profite des momens ;
Caché dans le nuage,
Son œil suit les Amans.
Lise, de son asyle,
Sortit d'un air confus ;
Le ciel devint tranquille :
Son cœur ne l'étoit plus.

COLARDEAU.

LE CRITIQUE EMBARRASSÉ.

COUPLETS faits à l'occafion d'une Fête donnée le 24 Juillet 1774, au Château de Vanves, à MADAME, & MADAME ELISA-BETH, par MADEMOISELLE DE BOURBON-CONDÉ. (M. *Laujeon* avoit obtenu, pour l'Auteur de ces Couplets, la permiffion de voir cette Fête, où peu de perfonnes étoient admifes).

A I R de Joconde.

MAIS voyez donc quel tour affreux
  L'ami Laujeon me joue !
Tout ce qui frappe ici mes yeux,
  Il faut que je le loue !
Par lui, d'être admis en ces lieux
  J'obtiens le privilege ;
Et c'eft... c'eft... (j'en fuis furieux)
  Pour me tendre ce piege.

Concevez - vous cette noirceur ?
  Sans critiquer, j'admire !
Expofer un grave Cenfeur
  A ce cruel martyre !...

Lifez, dans mes yeux abattus,
  Ma trifte deftinee ;
Je puis dire, comme Titus :
  Je perds une journée.

Imaginez tous les attraits
  MADAME les efface.
J'ai décoché d'affez bons traits
  Sur les Nains du Parnaffe :
Mais fes beaux yeux, fa douce voix,
  Font bien plus de bleffures ;
L'Amour n'a point, dans fon carquois,
  De fleches auffi fûres.

Sa Sœur naquit, & Jupiter
  Dit auffi-tôt : « Déeffes ,
» A cet Enfant, qui nous eft cher,
  » Prodiguez vos largeffes :
» Minerve, dès fes jeunes ans,
  » Prenez foin de l'inftruire ;
» Mufes, donnez-lui vos talens ;
  » Graces, votre fourire ».

Voilà-t-il pas encor BOURBON,
  Qui force mon hommage ?
Jeuneffe, efprit, beauté, raifon,
  Elle a tout en partage :

Ses

Ses pas font naitre plus de fleurs
  Que les pas de l'Aurore ;
Mais c'eft fans répandre des pleurs :
  Les Ris les font éclore.

Laujeon, tu me paîras ce tour ;
  Et le premier Ouvrage
Que ta Mufe doit mettre au jour,
  Expira cet outrage :
Oui, je t'apprendrai, fur ma foi !
  Dans mon Martyrologe,
A me réduire, moi ! moi ! moi !
  Au ftyle de l'éloge !

FRÉRON.

H

LE CHOIX DIFFICILE.

AIR : *Réveillez-vous, belle endormie.*

ENTRE le vin & la tendresse,
Je ne saurois faire de choix ;
Je ne puis vivre sans Maîtresse,
Et je me meurs, si je ne bois.

Chacun d'eux m'anime & m'engage ;
Le plaisir en est différent :
Iris m'en donne davantage ;
Bacchus m'en donne plus souvent.

LE SONGE RÉALISÉ.

AIR : *Que ne suis-je la fougere ?*

AU fond d'un bois solitaire,
Chloé rêvoit que Lycas
L'invitoit au doux myftere,
Et la preffoit dans fes bras.
Morphée, fermant fa paupiere,
Ouvroit fon cœur au plaifir :
Chloé ceffe d'être fiere ;
Chloé commence à jouir.

Lycas, plein de fa tendreffe,
Arrive en ce lieu charmant ;
Il voit fa belle Maîtreffe
Dans ce doux égarement :
D'abord fa bouche vermeille,
Reçoit fon premier tranfport ;
Chloé foupire & s'éveille ;
Mais le plaifir la rendort.

Trois fois l'heureux téméraire
Touche au comble du bonheur ;
Trois fois, d'un tendre falaire,
Chloé paya fon ardeur.

H 2

Comme une fleur fraiche éclofe ,
Que careffe le Zéphir ,
Lycas , fur fon teint de rofe ,
Voit le progrès du plaifir.

Hélas ! n'eft-ce qu'un menfonge ,
Dit-elle , en ouvrant les yeux ?
Si mon bonheur n'eft qu'un fonge ,
Le vrai plaifir n'eft qu'aux cieux :
Mais ma défaite eft réelle ;
C'eft Lycas , c'eft mon Amant :
Ah ! voilà comment , dit-elle ,
Le bien nous vient en dormant !

Le Marquis DE PEZAY.

AUTEURS VIVANS.

H 3

LE PETIT
CHANSONNIER
FRANÇOIS.

LES MŒURS D'A-PRÉSENT.

Air : *Le Port-Mahon est pris.*

Chansonniers, mes Confreres,
Le cœur, l'amour, ce font des chimeres.
  Dans vos Chanfons légeres,
  Traitez de vieux abus,
      De Phébus,
      De rébus,
      Ces vertus,
      Qu'on n'a plus.
Tâchez d'hiftorier
Quelque Conte ordurier :

Mais avec bienféance :
' De mots
Trop gros
L'oreille s'offenfe.
Tirez votre indécence
Du fond de vos fujets,
Et de faits
Faux ou vrais,
Scandaleux ,
Mais joyeux.

Les Madrigaux font fades ;
L'apprêt
Qu'on met
A ces vers mauffades
Ne vaut pas les boutades
D'un Chanfonnier fans art
Et fans fard ,
Mais gaillard ,
Indécent ,
Mais plaifant.
Et puis tous ces nigauds ,
Qui font des Madrigaux ,
Suppofent à nos Dames ,
Des cœurs ,
Des mœurs ,
Des vertus , des ames ,
Et rempliffent de flammes

Et de beaux fentimens
        Nos amans
        Prefque éteints,
        Ces pantins
        Libertins.

L'Amour eft mort en France :
        C'eft un
        Défunt
    Mort de trop d'aifance ;
Et c'eft la jouiffance
Qui fuccede, en ce lieu,
        A ce Dieu
        Des Gaulois,
        Des Bourgeois
        D'autrefois.
Chanfonniers de bon fens ,
Ne parlez donc qu'aux fens ;
Peignez-nous fans fcrupule ,
        Chantez ,
        Vantez
    Les talens d'Hercule ;
Tournez en ridicule
Ceux qui n'avancent pas
        Plus d'un pas ,
        Et qui font
        Un affront
        Au fecond.

M. COLLÉ.

L'INFIDÉLITÉ.

Air : *Nous jouissons dans nos Hameaux.*

Je vis deux oiseaux amoureux
    Un jour sous ce feuillage ;
J'étois attentive à leurs jeux,
    A leur doux badinage :
Mais le premier qui s'envola
    Fut le mâle infidèle :
J'entends, depuis ce moment là ,
    Se plaindre la femelle.

M. FAVART.

L'AMOUR FOUETTÉ.

AIR : *Dans un Bois solitaire & sombre.*

JUPITER, prête-moi ta foudre,
S'écria Lycoris un jour :
Donne, que je réduise en poudre
Le Temple où j'ai connu l'Amour.

Alcide, que ne suis-je armée
De ta massue & de tes traits,
Pour venger la terre alarmée,
Et punir un Dieu que je hais !

Médée, enseigne-moi l'usage
De tes plus noirs enchantemens ;
Formons pour lui quelque breuvage
Égal au poison des Amans.

Ah ! si, dans ma fureur extrême,
Je tenois ce monstre odieux ! . . .
Le voilà, lui dit l'Amour même,
Qui soudain parut à ses yeux.

Venge-toi, punis, fi tu l'ofes...
Interdite à ce prompt retour,
Elle prit un bouquet de rofes,
Pour donner le fouet à l'Amour.

On dit même que la Bergere,
Dans fes bras n'ofant le preffer,
En frappant d'une main légere,
Craignoit encor de le bleffer.

M. L. C. D. B.

LA LEÇON.

AIR *Des Folies d'Efpagne.*

DE s'engager il n'eft que trop facile ;
Cent fois au moins maman me l'avoit dit,
Et j'en doutois : mais Colin, plus habile,
En un inftant, l'autre jour, me l'apprit.

LE SOUVERAIN BIEN.

AIR *du Ménuet d'Exaudet.*

LES grandeurs,
Les honneurs,
La fortune ,
Tout cela me tente peu,
Je vous en fais l'aveu ;
Trop de bien importune :
Être aimé
Et charmé
D'une Belle ,
C'eft là le fouverain bien ;
Tout le refte n'eft rien
Sans elle.
Tenez ! dans notre Village ,
On n'en veut pas davantage ;
Un objet
Qui nous plaît
Peut fuffire ;
Joyeux , on nous voit fauter,
Courir , danfer , chanter
Et rire.

Quelquefois
Vos Bourgeois,
Qu'on envie,
Au fein même des plaifirs,
Pouffent de gros foupirs;
Quelle mélancolie !
A la Cour,
Ce féjour
Où tout brille,
On rit d'un ris emprunté,
Quand chez nous la gaîté
Pétille.

L'Abbé LATTAIGNANT.

QUATRAIN.

A I R : *Réveillez - vous , belle endormie.*

 DIEUX ! que mon Iris eft belle,
Et que je l'aime tendrement !
Je meurs de douleur abfent d'elle ,
Et de plaifir en la voyant.

VAUDEVILLE

Du Devin du Village.

L'ART à l'Amour est favorable,
Et sans art l'Amour sait charmer :
A la ville, on est plus aimable ;
Au village, on sait mieux aimer.
    Ah ! pour l'ordinaire,
    L'Amour ne sait guère
Ce qu'il permet, ce qu'il défend :
C'est un enfant, c'est un enfant.

Ici, de la simple nature
L'Amour suit la naïveté ;
En d'autres lieux, de la parure
Il cherche l'éclat emprunté :
    Ah ! pour l'ordinaire, &c.

Souvent une flamme chérie
Est celle d'un cœur ingénu ;
Souvent, par la coquetterie,
Un cœur volage est retenu :
    Ah ! pour l'ordinaire, &c.

L'Amour, felon fa fantaifie,
Ordonne & difpofe de nous ;
Ce Dieu permet la jaloufie,
Et ce Dieu punit les jaloux :
    Ah ! pour l'ordinaire , &c.

A voltiger de Belle en Belle ,
On perd fouvent l'heureux inftant ;
Souvent un Berger trop fidèle
Eft moins aime qu'un inconftant :
    Ah ! pour l'ordinaire , &c.

A fon caprice on eft en butte ;
Il veut les ris, il veut les pleurs ;
Par les rigueurs on le rebute ,
On l'affoiblit par les faveurs :
    Ah ! pour l'ordinaire ,
    L'Amour ne fait guère
Ce qu'il permet, ce qu'il défend ;
C'eft un enfant , c'eft un enfant.
        M. Rousseau , de Genève.

CADET.

CADET ET BABET.

A I R : *Si le Roi vouloit m'donner.*

UN soir revenoit Cadet,
    Ce n'est pas sa faute,
Tenant sous le bras Babet,
    La fille à notre Hôte ;
Un voleur saisit Cadet ;
Un voleur saisit Babet :
C'est bien la faute du Guet,
    Ce n'est pas leur faute.

Un voleur rossoit Cadet,
    Ce n'est pas sa faute ;
Un voleur baisoit Babet,
    La fille à notre Hôte :
Ça fit du mal à Cadet,
Ça fit plaisir à Babet :
C'est bien la faute du Guet,
    Ce n'est pas leur faute.

Ah ! quels coups, disoit Cadet !
    Ce n'est pas sa faute ;
Ah ! quels coups, disoit Babet,
    La fille à notre Hôte !

I

Je me meurs, disoit Cadet !
Je me meurs, disoit Babet !
C'est bien la faute du Guet,
    Ce n'est pas leur faute.

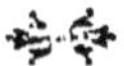

Au voleur, crioit Cadet !
    Ce n'est pas ma faute :
Cher voleur, disoit Babet,
    La fille à notre Hôte !
Je n'y reviens plus, Babet ;
Moi, j'y reviendrai, Cadet :
C'est bien la faute du Guet,
    Ce n'est pas leur faute.

M. Collé.

L'HEUREUSE DISCRÉTION.

Air: *L'Amant frivole & volage.*

Sur une écorce légere,
Amans, tracez votre ardeur :
Le beau nom de ma Bergere
N'eft gravé que dans mon cœur.
Je n'ofe occuper ma lyre
A chanter un nom fi doux ;
Écho pourroit le redire,
Et j'aurois trop de jaloux.

Corine, à feindre m'engage,
Pour mieux tromper les témoins:
Ce qui lui plaît davantage,
Semble me plaire le moins.
L'herbe où fon troupeau va paître,
Voit le mien s'en écarter ;
Et je femble méconnoître
Son chien, qui veut me flatter.

Vous, qu'un fol amour infpire,
Connoiffez mieux le plaifir :
Vous n'aimez que pour le dire,
Nous n'aimons que pour jouir.

Corine , que ce myflere
Dure autant que nos amours !
L'Amant content doit fe taire :
Fais-moi taire pour toujours.

M. BERNARD.

LE DIFFÉREND.

AIR : *De tous les Capucins du monde.*

L'AUTRE jour, l'aimable Baronne,
Étant vétue en Amazonne ,
Fit naître un plaifant différend
Entre les Dieux de la tendreffe :
Vénus la vouloit pour Amant ;
L'Amour la vouloit pour Maitreffe.

M. l'Abbé DE LATTAIGNANT.

L'AMOUR SANS REMEDE.

A i r : *Vous , qui toujours fuivez mes traces.*

Vous fuyez fans vouloir m'entendre,
Charmant objet de mes amours :
Si vous trouvez mon cœur trop tendre ,
Églé, vous me fuirez toujours.

L'Amour pourroit-il fe contraindre ,
Quand c'eft vous qui favez charmer ?
Votre rigueur me le fait craindre :
Mais vos yeux me le font aimer.

Sans regret vous voyez mes larmes :
Hélas ! que vais-je devenir ?
Si vous me privez de vos charmes ,
Otez-m'en donc le fouvenir.

Pour être fous votre puiffance ,
Ai-je mérité vos mépris ?
Plus vous dédaignez ma conftance ,
Plus vous en augmentez le prix.

I 3

Ne rendez-vous mon cœur fidèle ,
Que pour mieux faire mon tourment ?
Hélas ! que n'êtes-vous moins belle !
Ou que ne puis-je être inconstant !

LE SONGE.

Souvent un air de vérité
Se mêle au plus grossier mensonge :
Une nuit , dans l'erreur d'un songe ,
Au rang des Rois j'étois monté ;
Je vous aimois alors , & j'osois vous le dire :
Les Dieux , à mon réveil , ne m'ont pas tout ôté ;
Je n'ai perdu que mon Empire.

M. DE VOLTAIRE.

LA LOI D'ÉPICURE.

Vous qui, du vulgaire stupide,
Voulez écarter le bandeau,
Prenez Épicure pour guide,
Et la nature pour flambeau.
Il n'invente point de systèmes ;
Il ne fait que bannir l'erreur,
Et si nous rentrons en nous-mêmes,
Épicure est dans notre cœur.

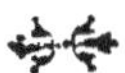

La Nature, prudente & sage,
N'a jamais rien produit en vain ;
Nos sens ont chacun leur usage,
Et nous devons tendre à leur fin.
Pour nous l'enseigner, la Nature
Nous a fait présent du desir :
Par une route toujours sûre,
Il nous mène droit au plaisir.

Mais le plaisir cesse de l'être,
Dès qu'il cesse d'être goûté :
La débauche ne peut paroître,
Sans faire fuir la volupté.

I 4

Qu'on mêle avec délicateſſe
Et les ſens & le ſentiment ,
Et que Bacchus, laiſſant l'ivreſſe ,
N'ait avec lui que l'enjoûment.

Ton cœur eſt épris de Thémire :
Thémire eſt ſenſible à ſon tour ;
Tous deux, dans un commun délire,
Cueillez les roſes de l'amour.
A ſervir l'ardeur de vos flammes ,
Employez l'été de vos ans ,
Et qu'à l'ivreſſe de vos ames ,
Se joigne celle de vos ſens.

Que les ardeurs de la jeuneſſe
Se temperent avec Vénus ;
Que les glaces de la vieilleſſe
Se réchauffent avec Bacchus.
La vie eſt un inſtant qui paſſe ;
Malgré nous il va s'envoler :
Rempliſſons-en du moins l'eſpace ,
Ne pouvant pas le reculer.

M. SAURIN.

LE DÉPART DE THÉMIRE.

AIR : *Quoi! vous partez, &c.*

Sois tous mes Dieux, ô ma chere Thémire!
A tes genoux laiffe-moi t'adorer;
Te voir, t'aimer, toujours te le redire,
C'eft un plaifir dont je veux m'enivrer.
Sois tous mes Dieux, ô ma chere Thémire!
A tes genoux laiffe-moi t'adorer.

Grands de la Terre, & vous Rois qu'on admire,
De votre éclat je ne fuis point jaloux :
Dieux! que j'obtienne un regard de Thémire,
Et je ferai plus fortuné que vous.
Grands de la Terre, &c.

Hélas! tu pars, tu quittes ces bocages!
Cours mériter des temples dans Paris ;
On t'offrira de plus riches hommages :
De leur encens je connois tout le prix.
Hélas! tu pars, &c.

Vents orageux , fuyez loin devant elle ;
Cieux, parez-vous du plus brillant azur ;
Et toi, Zéphir, couvre-la de ton aile ;
Répands par-tout le parfum le plus pur.
Vents orageux, &c.

Tendres Amours , conduisez-la sur l'onde :
Telle Vénus enchanta tous les yeux ,
Telle, naissant pour le bonheur du monde,
Elle enflamma les mortels & les Dieux.
Tendres Amours , conduisez-la sur l'onde :
Telle Vénus enchanta tous les yeux.

M. D'ARNAUD.

A MADAME **.

AIR : *De tous les Capucins du monde.*

QUE de vertus & que de graces !
Tel qui pourroit suivre vos traces ,
Iroit tout droit dans ce faint lieu
De délices inexprimables :
Mais votre exemple mène à Dieu ,
Et votre mine à tous les diables.

M. l'Abbé DE LATTAIGNANT.

LES SYMPTOMES

DE L'INDIFFÉRENCE.

Sans dépit, fans légéreté,
Je quitte une Amante volage,
Et je reprends ma liberté,
Sans regretter mon efclavage.

Ce matin, j'ai cueilli des fleurs,
Sans faire un bouquet à Lifette :
J'ai déja quitté fes couleurs ;
Je vais lui rendre fa houlette.

Sans rougir, j'ai vu, fous l'ormeau,
Sylvandre aux pieds de l'infidelle :
J'ai joué, fur mon chalumeau,
L'air que Sylvandre a fait pour elle.

Je ne fais plus, dans nos vallons,
Retentir le nom de Lifette :
Je veux lui dire les Chanfons
Que je ferai pour Timarette.

Si quelquefois, dans le fommeil,
Ses faveurs me font retracées,
Elle n'eft plus, à mon réveil,
La premiere de mes penfées.

Je ne viendrai plus en ces lieux,
Refpirer l'air qu'elle refpire ;
Je ne cherche plus dans fes yeux
Ce que je dois penfer ou dire.

Lifette a perdu plus que moi :
J'étois tendre ; elle étoit coquette :
Lifette m'a manqué de foi :
Non, non, je n'aime plus Lifette.

M. DE SAINT-LAMBERT.

LES DINDONS DE CYTHERE,

VAUDEVILLE DE PARADE.

AIR : *Chanſons, Chanſons.*

Qu'on voit de dindons ſur la terre !
Les plus beaux ſont ceux qu'à Cythere
 Nous vous gardons.
Ce ſeroit une liſte à faire !
Abbés, Robins & Gens d'affaire :
 Dindons, dindons.

Jeune Amant, qui reſte à rien faire ;
Vieux Amant, qui veut contrefaire
 Nos Céladons ;
En amour, celui qui préfere
D'être dupe, au plaiſir d'en faire :
 Dindons, dindons.

L'Amant, préſentant ſon offrande,
Qui, timide après, en demande
 Bien des pardons ;

Cet autre, qu'une ardeur trop grande
Confume, avant que l'on fe rende :
   Dindons, dindons.

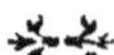

Sur nos amufemens comiques,
Nous ne craignons pas les critiques,
   Ni les lardons ;
Nous nous moquons des Satyriques,
Et nous appellons les Cauftiques,
   Dindons, dindons.

M. COLLÉ.

DE TOUT UN PEU.

AIR : *Du haut en bas, &c.*

DE tout un peu,
Philis, eft ma Philofophie ;
   De tout un peu,
En amour, dans le vin, au jeu,
C'eft le trop qui fait la folie :
Mais il faut goûter, dans la vie,
   De tout un peu.

L'OBSERVATEUR.

J'ADORE une jeune Bergere,
Dont le cœur neuf, l'air enfantin,
Promet le plus heureux destin
Au Berger qui saura lui plaire.
 Je vois tout, je ne dis rien :
 Mais pour moi tout va fort bien.

Qu'un autre approche de ma Belle,
Négligemment elle sourit :
Mais que j'arrive, elle rougit ;
Son teint, ses yeux, tout parle en elle.
 Je vois tout, &c.

Les bouquets plaisent à Lisette,
Chacun lui vient offrir le sien :
Mais c'est toujours avec le mien
Qu'elle embellit sa colerette.
 Je vois tout, &c.

J'oubliai, le jour de sa fête,
Par pur hasard, d'en donner un ;

Pour vouloir n'en porter aucun,
Elle feignit un mal de tête.
  Je vois tout , &c.

Soit qu'elle danse , ou qu'elle chante ,
En chorus chacun applaudit :
Mais si Lisandre n'a rien dit ,
Lisette paroît peu contente.
  Je vois tout , &c.

Que j'écrive une Chansonnette ,
Elle veut d'abord la savoir ;
Et qui de moi veut en avoir ,
Les trouve toujours chez Lisette.
  Je vois tout , je ne dis rien.
  Mais pour moi tout va fort bien,

L'USURIER

L'USURIER EN AMOUR.

AIR du Prévôt des Marchands.

Vous me devez, depuis deux ans,
Trente baifers des plus charmans ;
Je vous les ai gagnés à l'ombre :
J'en veux calculer l'intérêt ;
Et vous en augmenterez le nombre,
Que vous me paîrez, s'il vous plaît.

Trente baifers, charmante Iris,
N'étant payés qu'au denier dix,
Valent bien cinq baifers de rente :
Trente baifers de capital,
Dix d'intérêt joints à ces trente,
Sont quarante pour le total.

Acquittez-vous, car il eft tems :
Payez-moi mes baifers comptans,
Et le principal & la rente :
Car, fans Huiffiers, ni fans Recors,
Si vous en êtes refufante,
Je vous y contraindrai par corps.

M. l'Abbé DE LATTAIGNANT.

K

A MADEMOISELLE D**,

Qui nommoit péché chaque Piece de Vers
qui échappoit à l'Auteur.

AIR *de Joconde.*

Pour mon trop long retardement,
  Je vous demande grace ;
Je ne fais pas facilement
  Des péchés au Parnaffe :
Si vous me demandiez de ceux
  Qu'on permet à Cythere,
Vous me verriez moins pareffeux,
  Belle Iris, à les faire.

M. DE CHENEVIERES.

L'ÉLOGE DE BABET.

Babet m'a fu charmer ;
Babet a ma tendresse :
Qui voudroit m'en blâmer,
N'a pas vu ma Maitresse :
  C'est un air si fin,
  Une taille, un sein !
C'est la plus belle fille !
N'eût-elle que des jupons courts,
Et son corset d'à tous les jours,
Vous diriez, fussiez-vous un ours,
  Babet, que t'es gentille !
  Babet, que t'es gentille !

Quand Babet a dit oui,
C'est oui qu'il faut comprendre :
Chacun est réjoui,
Si-tôt qu'on peut l'entendre ;
  C'est la vérité,
  La simplicité :

Point de détours de fille.
Fût-ce le foir, ou le matin,
Qu'on la voie, adieu le chagrin :
Qu'elle chante, on eft tout en train.
　Babet, que t'es gentille !
　Babet, que t'es gentille !

Un gros Fermier d'ici
A dit : Babet, je t'aime :
Je mourrai de fouci,
Si tu ne dis de même.
　Tiens, veux-tu de l'or,
　De l'argent encor ?
Tiens, prends-en, prends, ma fille.
Mais elle : Bon! allez, Monfieur,
Quoique pauvre, j'ons de l'honnéur.
Quand j'ai fu ça, j'ai dit d'un cœur ;
　Babet, que t'es gentille !
　Babet, que t'es gentille !

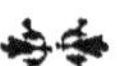

J'irai trouver Babet,
J'irai trouver fa mere ;
Non, d'abord en fecret....
Mais je crains fa colere.

(149)

Je lui parlerai ;
Oui , je lui dirai :
Ah! Babet! ah! ma fille!
Si tous les jours je suis tes pas ,
C'est que l'amour & tes appas....
Tiens , je... oui... non, je ne te mens pas :
Babet, que t'es gentille !
Babet, que t'es gentille !

M. SÉDAINE.

A UNE JEUNE PERSONNE.

AIR : *Sans le savoir.*

OUI, vous êtes belle & jolie ,
Et de mille graces remplie :
Chacun est charmé de vous voir :
Mais vous plairiez bien davantage ,
En sentant moins votre pouvoir.
Il faut être belle à votre âge ,
    Sans le savoir.

LE POUVOIR DE L'AMOUR.

A I R *de la Romance de Gavinié.*

ON est bien foible en aimant,
Quand l'objet qu'on aime est charmant !
C'est d'abord un soupir,
Ensuite un desir,
Puis le plaisir.
Comment se défendre,
Lorsqu'Amour nous donne un cœur tendre ?
Un Amant qui plaît
Est si bien fait
Pour tout entreprendre !
On est bien foible en aimant, &c.

Est-ce bien loin que l'on fuit,
Quand l'Amant qu'on aime nous suit ?
Il fait tendre ses lacs :
L'Amour, bientôt las,
Fait un faux pas ;
Et l'honneur auftere
Nous dit : Fuyez, fuyez, Bergere,
L'Amour est trompeur ;
Et notre cœur
Nous dit le contraire.
Est-ce bien loin que l'on fuit, &c.

LA ROSE.

TENDRE fruit des pleurs de l'Aurore,
Toi, dont Zéphire va jouir ;
Reine de l'Empire de Flore,
Hâte-toi de t'épanouir !

❊❊

Que dis-je, hélas ! crains de paroître,
Diffère un moment de t'ouvrir ;
L'inſtant qui doit te faire naître,
Eſt celui qui doit te flétrir.

❊❊

Thémire eſt une fleur nouvelle,
Qui ſubira la même loi :
Roſe, tu dois briller comme elle ;
Elle doit paſſer comme toi.

❊❊

Quitte cette tige épineuſe ;
Va l'embellir de tes couleurs :
Tu dois être la plus heureuſe,
Comme la plus belle des fleurs.

❊❊

Va, meurs ſur le ſein de Thémire ;
Qu'il ſoit ton trône & ton tombeau :
Jaloux de ton ſort, je n'aſpire
Qu'au bonheur d'un trépas ſi beau.

❊❊

Suis la main qui va te conduire
Du côté que tu dois pencher ;
Éclate à mes yeux , sans leur nuire ;
Pare son sein , sans le cacher.

Mais si quelque autre main s'avance ,
Si quelque Amant est mon égal ,
Emporte avec toi ma vengeance ,
Garde une épine à mon rival.

Tu vivras plus d'un jour , peut-être ,
Sur l'autel que tu dois parer ;
Un soupir t'y fera renaître ,
Si Thémire peut soupirer.

Fais-lui sentir , par mes alarmes ,
Le prix du plus grand des biens ;
En voyant expirer tes charmes ,
Qu'elle apprenne à jouir des siens.

M. BERNARD.

C O U P L E T S

Chantés à deux jolies Femmes, dans un
Souper.

Air *des Folies d'Espagne.*

Belle Rosine, & vous, belle Cécile,
Également vous savez nous charmer ;
Entre vous deux, le choix est difficile :
En vous voyant, il faut pourtant aimer.

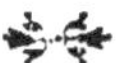

Je ne sais qui de vous doit mieux plaire,
Ou par l'esprit, ou bien par le minois :
Amis, peut-on mieux décider l'affaire,
Qu'en les aimant toutes deux à la fois ?

Je demandois jadis aux Dieux propices,
Après ma mort, d'aller aux lieux charmans,
Où la Beauté, d'un torrent de délices,
Doit enivrer les heureux Musulmans.

Mais, près de vous, je ne désire guere
Le Paradis qu'inventa Mahomet ;
Je reste ici, puisque j'ai, sur la terre,
Tous les plaisirs qu'au ciel il nous promet.

M. Blin de Sainmore.

L'AMITIÉ IMPOSSIBLE.

AIR : *L'avez-vous vu, mon bien-aimé ?*

TU veux des vers pour l'amitié :
  En Chanson que lui dire ?
C'est un sentiment oublié,
  Dès qu'on te voit sourire.
On n'a point d'amis à vingt ans :
Flore, Hébé, n'ont que des Amans.
    C'est aux Zéphirs,
    C'est aux Plaisirs,
  A tresser ta couronne :
Du printems goûtons les loisirs,
  Avant ceux de l'Automne.

M. DORAT.

LA SAGESSE A LA MODE.

AIR *de Manon Giroux.*

J'ARRIVE à pied de Province
Par le grand chemin ;
Si mon équipage est mince,
Mon œil est mutin :
Mais ma vertu sans nuage
Toujours restera ;
Je veux être toujours sage :
M'aime qui voudra !

Un jour, sortant de l'Eglise,
Un petit Plumet
Me dit : Vous êtes mal mise ;
Venez, mon poulet !
Je veux vous mettre en ménage :
Cela me tenta.
Désormais je serai sage ;
Passons celui - là !

Je vis un Académille,
Jeune & fête au tour,
Qui me suivoit à la piste
Dans le Luxembourg ;

C'eſt un oiſeau de paſſage :
    Qu'importe cela ?
Déſormais je ſerai ſage ;
    Encor celui-là !

⁂

Un Gaſcon me dit : Petite,
    Entre à l'Opéra ;
Je m'en charge, tout de ſuite
    On t'y recevra.
Il veut un droit de courtage,
    Qu'on devinera :
Déſormais je ſerai ſage ;
    Encor celui-là !

⁂

Apprendre un mois la muſique,
    Coûte trois louis ;
Le Maître, un jour, me réplique,
    Pour toi, point de prix :
Si tu veux, l'apprentiſſage
    Rien ne coûtera.
Déſormais je ſerai ſage ;
    Encor celui-là !

⁂

Un Coureur, avec myſtere,
    Entre ſans frapper :
Monſeigneur ici va faire
    Porter à ſouper.

Rien ne flatte davantage
  Que cet honneur-là.
Déformais je ferai fage ;
  Encor celui-là !

Demeurer au quatrième ,
  Me femble indécent ;
C'eft bleffer le rang fuprème
  De fille à talent :
A Noël, au bel étage ,
  Un Duc me mettra.
Déformais je ferai fage ;
  Encor celui-là !

Je vois, à vingt écus l'aune ,
  A la Barbe d'or ,
Certaine étoffe à fond jaune
  Qui me convient fort :
Damis , pour l'avoir , en gage
  Met tout ce qu'il a.
Déformais je ferai fage ;
  Encor celui-là !

Ce meuble de brocatelle
  N'eft pas bien choifi :
Life a du damas chez elle ,
  Blanc & cramoifi :

Milord m'en donne un ; je gage
  Qu'on en parlera.
Déformais je ferai fage ;
  Encor celui-là !

Vous n'avez rien aux oreilles ,
  Cela n'eft pas bien ;
Voici qui fait à merveilles ,
  Des boucles de chien :
Comment tenir fon courage
  A ce propos-là ?
Déformais je ferai fage ;
  Encor celui-là !

Paffant au quai de l'Horloge ,
  Je donnai dans l'œil
D'un gros Sous-Fermier qui loge
  Quartier Montorgueil ;
Martin vernit l'équipage
  Qu'il me donnera.
Déformais je ferai fage ;
  Encor celui-là !

Certain Chef de la Finance ,
  Seigneur obligeant ,
S'offre à troquer ma faïance
  Pour des plats d'argent :

Refufer n'eft pas d'ufage ;
  Qu'eft-ce qu'on dira ?
Déformais je ferai fage ;
  Encor celui-là !

Deux Moufquetaires me virent
  Dans un cul-de-fac ;
Très-poliment ils m'offrirent
  Tous deux du tabac :
N'en avoir qu'un , c'eft dommage !
  L'autre m'en voudra :
Déformais je ferai fage ;
  Encor ces deux-là !
M. le Marquis DE V***.

LE CHARME DE L'AMOUR.

AIR : *Vous qui, du vulgaire stupide.*

L'EAU qui careffe ce rivage,
La rofe qui s'ouvre au zéphir,
Le vent qui rit fous ce feuillage,
Tout dit qu'aimer eft un plaifir :
De deux Amans, l'égale flamme
Sait doublement les rendre heureux :
Les indifférens n'ont qu'une ame ;
Lorfque l'on aime, on en a deux.

M. DE SAINT-PERAVI.

h

A MADAME **.

LE connois-tu, ma chere Éléonore,
Ce tendre enfant qui te suit en tout lieu,
Ce foible enfant, qui seroit tel encore,
Si tes regards n'en avoient fait un Dieu?

C'est par ta voix qu'il étend son empire :
Je ne le sens qu'en voyant tes appas ;
Il est dans l'air que ta bouche respire,
Et sur les fleurs qui naissent sous tes pas.

Qui te connoît, connoîtra la tendresse ;
Qui voit tes yeux, en boira le poison :
Tu donnerois des sens à la sagesse ,
Et des desirs à la froide raison.

M. le C. D. B.

AU VIN.

AIR *de Joconde*.

IL n'eſt rien, dans tout l'univers,
 Qui ne te rende hommage ;
Juſqu'à la glace des hivers,
 Tout eſt pour ton uſage :
La terre fait, de te nourrir,
 Sa principale gloire ;
Le ſoleil luit pour te mûrir :
 Moi, je vis pour te boire.

LA VRAIE PHILOSOPHIE.

AIR : *Réveillez-vous, belle endormie.*

L'AMOUR de la Philofophie
Avançoit pour moi la faifon
Où la fombre mélancolie
S'honore du nom de raifon.

Quelle erreur ! dans la folitude,
Je paffois les nuits & les jours :
Ah ! peut-on donner à l'étude
Un tems que l'on doit aux amours ?

Je vois Thémire... & dans mon ame,
Le fentiment renait foudain ;
Ses yeux ont allumé la flamme
Qui vient de réchauffer mon fein.

Ah ! comment pourrois-je encor lire
Loke, de fes rivaux vainqueur ?
Je n'écoute plus que Thémire :
Ma feule étude, c'eft mon cœur.

L 2

Neuton, c'eſt en vain que tu m'ouvres
Un chemin brillant dans les cieux :
Les grands ſecrets que tu découvres,
Sont moins qu'un regard de ſes yeux.

Eh ! que m'importe, en un ſyſtême,
De trouver l'ordre & la clarté ?
C'eſt dans le cœur de ce que j'aime,
Que je trouve la vérité.

Une ame & ſi belle & ſi pure,
Les attraits qui m'ont ſu charmer....
C'eſt pour moi toute la nature :
Aujourd'hui, je ne ſais qu'aimer.

Quel tranſport, quel beau feu m'anime !
Quel bonheur pour moi d'être Amant !
Tout l'eſſor d'un eſprit ſublime
Vaut-il un tendre ſentiment ?

M. le Comte DE TRESSAN.

LE COUPLE BIEN ASSORTI.

AIR : *Nous jouissons dans nos Hameaux.*

LISETTE est faite pour Colin,
  Et Colin pour Lisette :
Il est volage, il est badin ;
  Elle est vive & coquette.
Colin tolere ses rivaux ;
  Lisette, ses rivales :
Il prime parmi ses égaux ;
  Elle, entre ses égales.

⁂

Lisette amuse mille Amans ;
  Colin, toutes les Belles :
Tous deux en amour sont constans,
  Et tous deux infidèles :
Il est le plus beau du hameau,
  Comme elle est la plus belle :
Colin ressemble au franc moineau ;
  Lisette, à l'hirondelle.

⁂

Sans soupirer & sans languir,
  Ils amusent l'absence
Par les plaisirs du souvenir
  Et ceux de l'espérance.

Quoiqu'ils diffipent leur chagrin
  Par quelque autre amourette ,
Lifette revient à Colin ,
  Et Colin à Lifette.

S'il nait quelque difpute entre eux ,
  C'eft un léger orage ,
Qui , bien loin de brifer leurs nœuds ,
  Les ferre davantage.
Quel tort pourroient-ils fe donner ,
  Également coupables ?
Ah ! pour ne fe pas pardonner ,
  Tous deux font trop aimables !

Les foupçons jaloux , les foupirs ,
  Ne troublent point leurs chaines ;
D'amour ils goûtent les plaifirs ,
  Sans en craindre les peines.
Amans , voulez-vous vivre heureux ?
  Prenez-les pour modèle ,
Et n'imitez point dans vos feux
  La trifte tourterelle.

M. l'Abbé DE LATTAIGNANT,

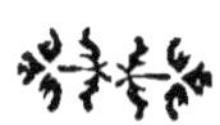

LES AMOURS DE PARIS.

AIR *du Ménuet d'Exaudet.*

EN ces lieux,
Par les nœuds
Du caprice,
Une Belle nous retient,
L'engagement ne tient
Que par pur artifice ;
Faux defirs,
Faux foupirs,
Tout eft rufe,
Et de manquer à fa foi
L'ennui porte avec foi
L'excufe.
On fait fe paffer d'eftime ;
C'eft un point que l'on fupprime :
Des travers,
Des grands airs,
Ton frivole ,
Voilà le talent divin
Dont une femme enfin
Eft folle.

L 4

En un jour,
Notre amour
S'émancipe :
Amans sans être amoureux,
Sans bonheur être heureux,
Volage par principe,
L'agrément
D'un moment
Nous enchaine ;
Sans plaisir on s'est uni ,
Et l'on se quitte aussi
Sans peine.

LES SOUHAITS.

AIR : *Quoi ! vous partez, &c.*

Point ne voudrois, pour bien paffer ma vie,
Des riches dons du rivage Indien ;
Point ne voudrois des parfums d'Arabie,
Ni des tréfors du Peuple Libien :
Il ne me faut que l'amour de ma Mie ;
Pour moi, fon cœur eft le fouverain bien.

D'être un Héros point ne me glorifie ;
Pour guerroyer, je fuis trop Citoyen.
Que le François difpute l'Acadie,
Que le Hongrois batte le Pruffien :
Il ne me faut que le cœur de ma Mie ;
Voilà mon trône, & le refte n'eft rien.

De Bouchardon j'ignore la magie ;
Point ne voudrois graver comme un Ancien :
L'art de Rubens ne me fait nulle envie ;
Point ne voudrois primer le Titien :
Il ne me faut qu'un portrait de ma Mie ;
Quand je le vois, je ne defire rien.

De l'art des vers je n'ai point la manie ;
Je connois peu le mont Aonien :
Mais de rimer s'il me prend la folie ,
Point ne prirai le Dieu Pégafien :
Il ne me faut que le nom de ma Mie ;
Pour ce feul nom , je rime & chante bien.

❦

Je ne veux point de la Philofophie :
Elle eft trop froide , & ne conduit à rien ;
Je ne veux point favoir l'Aftrologie ,
Ni difputer du vuide aërien :
Il ne me faut qu'un coup-d'œil de ma Mie ;
Voilà mon aftre , il me conduira bien.

❦

Qu'ai-je befoin de favoir la Chymie ?
Tous fes fecrets font un foible moyen.
Qu'un autre Amant vante la Pharmacie ,
Et rende hommage au fameux Gallien :
Il ne me faut qu'un baifer de ma Mie ;
Mon cœur renaît , & je me porte bien.

❦

Si , par hafard , quelqu'autre fantaifie
Troubloit mes fens , Amour , fois mon foutien :
Si , par toi feul , il faut que je l'oublie ,
Cache l'erreur : car mon crime eft le tien.
Il ne me faut qu'un foupir de ma Mie :
Je quitte tout , & reprends mon vrai bien.

❦

Souvent j'ai pris un peu de jaloufie :
Quand on eft tendre, on eft Pyrrhonien ;
Dans les tranfports de cette frénéfie ,
Tout me fait peur, difcours, gefte, maintien :
Il ne me faut qu'un fouris de ma Mie ;
Mon cœur s'appaife, & je ne crains plus rien.

Si quelque crainte alarme mon génie,
C'eft l'abandon d'un cœur comme le fien ;
Tous les defirs de mon ame attendrie
Sont d'infpirer un feu femblable au mien.
Il ne me faut que conferver ma Mie :
Plaire toujours, c'eft le nœud gordien.

M. S**.

RÉPONSE.

AIR : *Quoi! vous partez, &c.*

Tout mon defir & ma plus forte envie
Auroit été d'être un nouveau Crœfus :
Des riches dons d'Amérique & d'Afie,
J'aurois tâché d'amaffer tant & plus ;
Non pas pour moi, c'eût été pour ma Mie :
Sans elle, hélas ! les aurois-je voulus ?

D'être un Héros, j'aurois eu la manie ;
Mars m'auroit vu fuivre fes étendards ;
L'antique amour, l'amour de la patrie,
Ne m'eût point fait affronter les hafards :
L'efpoir d'offrir mes lauriers à ma Mie,
Seul m'eût frayé la route des Céfars.

D'être un Apelle, il m'auroit pris envie,
Mais fans daigner travailler pour les Rois :
Si de Rubens imitant la magie,
La toile eût pu s'animer fous mes doigts,

Quel beau portrait j'aurois fait de ma Mie !
Je l'aurois peinte ainſi que je la vois.

Éternifer une flamme chérie,
Auroit été de mes vœux le premier :
Le tendre Amour, ſeul guide de ma vie,
Aux doctes Sœurs m'eût fait ſacrifier ;
J'aurois été le Chantre de ma Mie,
J'eus mis ma gloire à la déifier.

En me livrant tout à l'Aſtronomie,
J'aurois ſuivi mon inclination ;
Un nouvel aſtre, au gré de mon envie,
Eût, de nos jours, paru ſur l'horizon :
Au firmament j'aurois placé ma Mie ;
Elle eût été ma conſtellation.

Bien loin de fuir l'utile Pharmacie,
J'en aurois ſu braver tous les dégoûts ;
Je me ferois plongé dans la Chymie,
Et les travaux m'auroient ſemblé bien doux,
Si quelquefois, Médecin de ma Mie,
J'euſſe eu le droit de lui tâter le pouls.

J'aurois banni la sombre jaloufie ;
L'amour fincere en écarte l'horreur ;
Trop délicat pour cette frenéfie ,
D'un feu plus pur , j'aurois fait mon bonheur ;
Car , en aimant , j'euffe eftimé ma Mie :
Sans mon eftime , auroit-elle eu mon cœur ?

Jamais , jamais nulle autre fantaifie
N'auroit féduit mon efprit trop charmé ;
Tous les regards d'Iris & de Sylvie
Auroient contre eux trouvé mon cœur armé.
Jufqu'au tombeau , j'euffe adoré ma Mie ,
Et Vénus même en vain m'auroit aimé.

Madame E. D. B.

LE COURTISAN DÉSABUSÉ.

AIR : *Nous sommes Précepteurs d'amour.*

REVENEZ, Amours enchanteurs ;
Revenez, Graces que j'adore ;
Que de vos couronnes de fleurs
Mon jeune front se pare encore !

Loin d'ici, prestiges des Cours,
Ambition, grandeur trop vaine :
Pour jamais, aux pieds des Amours,
La raison même me ramène.

Aux jeux, aux bocages rendu,
Je vais reprendre enfin ma lyre,
Et, par un hommage assidu,
Mériter que Vénus m'inspire.

Je la vois de son doux souris
Enhardir ma Muse timide :
Je serai sûr de plaire au fils,
Si la mere à mes chants préside.

Liberté, qui fuis loin des Rois,
A Paphos reviens me conduire :
S'il me faut recevoir des loix,
Que ce ne foit que de Zémire.

Revenez, Amours enchanteurs ;
Revenez, Graces que j'adore :
Que de vos couronnes de fleurs
Mon jeune front fe pare encore.

M. D'ARNAUD,

L'AMANT

L'AMANT TIMIDE.

Pour foumettre mon ame
A l'empire des plaifirs,
  Un Berger plein de flamme
M'entretient de fes defirs :
Pas-à-pas fon feu le guide
Vers la route des faveurs :
Mais fon cœur, encor timide,
N'ofe braver mes rigueurs.

  La fageffe, trop fiere,
Me défend de l'écouter ;
  Mais, pour la faire taire,
L'ingrat n'ofe affez tenter :
Que n'a-t-il affez d'adreffe,
Pour dérober au devoir
Les preuves d'une foibleffe
Que je n'ofe laiffer voir !

  Quand, d'un œil moins févere,
J'écoute fes tendres feux,
  Son embarras différe
L'inftant de le rendre heureux ;

M

Il craint, il tremble, il héfite ;
Il avertit ma fierté,
Et la cruelle en profite,
Pour bannir la volupté.

Hier, à la victoire
Marchant plus rapidement,
Il atteignoit la gloire
Dont on couronne un Amant :
Que n'ofoit-il davantage !
Encore un pas feulement,
La raifon faifoit paffage
Au plaifir du fentiment.

Attribuée à M. DE VOLTAIRE.

NINA,

CHANSON.

Toujours feule, difoit Nina !
L'ennui m'accablera ,
Ah !
Non , ce n'eft qu'avec les Amours
Que l'on trouve les jours
Courts.
Sans Amans ,
Nina perd fon tems ;
Jean paffa ,
Il entendit ça ;
Il s'avança ,
Et dit comm'ça :
Dam' , me voilà ,
Me voilà , là !

Nina court & cherche un réduit ;
Jean , voyant qu'elle fuit ,
Suit :
Il la joint bientôt dans un bois ,
Dont l'Amour fit cent fois
Choix.

M 2

Un faux pas,
Qu'on ne prévit pas,
Entraîna
Jean avec Nina :
Il ricana,
Et s'écria :
Dam', me voilà,
Me voilà, là !

Monsieur Jean, relevez-vous donc !
Jean répond sans façon :
Non.
Je prétends dissiper l'ennui
Qui t'a jusqu'aujourd'hui
Nui.
Sans Amans,
Tu passes ton tems ;
Si de Jean
Ton cœur est content,
Jean t'aimera
Tant qu'il pourra.
Dam', le voilà,
Le voilà, là !

Il veut mettre dans son corset
Un bouquet qu'il avoit
Fait.

Votre main va je ne fais où :
Finiffez ! êtes-vous
Fou ?
Quoi ! déjà
Vous vous fâchez, da !
C'eft en vain,
Et j'irai mon train.
Que faire à ça ?
Mets-le donc là :
Dam' ! le voilà,
Le voila, là !

Je ferois plus content qu'un Roi,
Si j'obtenois de toi...
Quoi ?
Un petit baifer amoureux :
Pour mieux dire, j'en veux
Deux.
Le fripon
Les prit fans façon :
Nina fit
Du bruit ;
Jean lui dit :
Jean les vola,
Jean les rendra ;
Tiens ! les voilà,
Les voilà, là !

De nouveau le fournois en prend ,
Puis enfuite il en rend ,
Tant ,
Que Nina fe trouble & rougit.
L'Amour , qui la trahit ,
Rit :
Il arma
Jean , contre Nina ,
D'un trait sûr ,
Pour vaincre un cœur dur.
Jean l'effaya ,
L'Amour cria :
Dam' , l'y voilà ,
L'y voilà , la !

M. LAUJEON.

LEÇON DE POÉSIE.

A I R : *Nous sommes Précepteurs d'amour.*

Vous voulez apprendre à rimer,
Et daignez me choisir pour Maître !
Pour peu que vous sachiez aimer,
Charmante Églé, je veux bien l'être.

Telle est la premiere leçon
Que je donne à mes Écolieres :
Si le cœur est votre Apollon,
Vous remplacerez Deshoulieres.

L'esprit souvent parle au hasard :
La voix du cœur est toujours sûre.
Les regles sont filles de l'art :
Mais l'art est fils de la nature.

N'écoutez que le sentiment ;
Son essor est toujours sublime :

M 4

Si vous aimez bien votre Amant,
Vous ne chercherez point la rime.

L'esprit fait de fades Chansons ;
La feule vanité l'infpire :
Ovide étoit sûr de fes fons,
Lorfque l'Amour montoit fa lyre,

Aimez donc, & fuivez la foi
Que lui dictoit ce Dieu fuprème
Quand vous aimerez comme moi,
Églé, vous rimerez de même.

M. DE LA PLACE.

L'AGE DU BONHEUR.

AIR : *Dodo, l'enfant do, &c.*

A MOI, charmant Anacréon !
J'invoque aujourd'hui ton génie :
Des jeux prolonger la saison,
C'est ajouter à notre vie.
Appellons ici la gaité,
L'enjoûment & la liberté :
    Enfans de quinze ans,
  Laissez danser vos mamans.

Conviens, Amour, qu'ici des ans
Tu meconnoîtrois l'intervalle ;
La moins jeune de ces mamans,
Peut de sa fille être rivale.
Il est plus d'un mois pour les fleurs,
Et toutes les roses sont sœurs.
    Enfans, &c.

Belles, qui formez des projets,
Trente ans est pour vous le bel âge)

Vous n'en avez pas moins d'attraits ;
Vous en connoissiez mieux l'usage.
C'est le vrai moment d'être heureux :
On plaît autant, on aime mieux.
　　Enfans , &c.

Croyez-vous que ce Dieu malin ,
Dont je chéris & crains la flamme,
Allume aux rayons du matin
Le flambeau qui brûle notre ame ?
Son feu , si je l'ai bien senti ,
Ressemble aux ardeurs du midi.
　　Enfans de quinze ans ,
　Laissez danser vos mamans.

M. M***.

A UNE JOLIE FEMME,

HABILLÉE en Militaire, & qui avoit fait, dit-on, six Hommes au Roi.

AIR : *Il faut, quand on aime une fois.*

TANTOT on vous prend pour l'Amour,
   Et tantôt pour sa Mere :
Pour vous, l'on change, en même jour,
   De goût, de caractere ;
Et vous meneriez tour-à-tour
   De Florence à Cythere.

Votre épée, aimable Guerrier,
   Nous cause peu d'alarmes :
Vous avez, mon brave Officier,
   De plus puissantes armes ;
Et ce sont, brave Cavalier,
   Vos yeux remplis de charmes.

Mon beau Cornette, enrôlez-moi,
   Je suis prêt d'y souscrire ;

Car vous avez l'air, fur ma foi !
Quoi qu'on en puiffe dire,
De faire des hommes au Roi,
Plutot que d'en detruire.

M. *l'Abbé* DE LATTAIGNANT,

A PHILIS.

PRENDS, ma Philis, prends ton verre,
Buvons tous deux a longs traits ;
Rends ma bouteille légere,
Et ne la deviens jamais.
L'Amour, qui nous verra faire,
N'en aura pas moins d'affaire :
Il aura fon tour aprés.

LA MANIERE FAIT TOUT.

VAUDEVILLE.

A I R : *Tout confifle dans la maniere.*

AMANS, qui marchez fur les traces
Des agréables de la Cour ,
Ayez de l'efprit & des graces ;
Il en faut pour faire l'amour :
Tout confifte dans la maniere
     Et dans le goût ,
Et c'eft la façon de le faire
     Qui fait tout.

Pour faire un bouquet à Lucrece ,
Suffit-il de cueillir des fleurs ?
Il faut encore avoir l'adreffe
D'en bien affortir les couleurs.
Tout confifte , &c.

L'Amant rifque tout , & tout paffe ,
Lorfque l'on fait prendre un bon tour :

S'il est insolent avec grace,
On fera grace à son amour.
Tout consiste , &c.

De deux jours l'un , à ma Bergere,
Je fais deux bons petits Couplets;
Et ma Bergere les prefere
A douze , qui seroient mal faits.
Tout consiste dans la maniere
    Et dans le goût ,
Et c'est la façon de le faire,
    Qui fait tout.

M. COLLÉ.

ROMANCE DE LUCRECE.

AIR : *L'Amour m'a fait la peinture.*

Dans cette belle contrée,
Où le Tibre, en ses replis,
Roule son onde dorée,
Ma vue, au loin égarée,
Erroit parmi des débris.

Le Dieu des ombres légeres
M'invitoit au doux repos,
Quand d'antiques caracteres
Suspendirent mes paupieres,
Qu'alloient fermer ses pavots.

C'étoit la triste aventure
De Lucrece & de Tarquin ;
J'en ai traduit la peinture :
Puisse la race future
Me savoir gré du larcin !

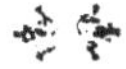

Lucrece eſt une ame tendre,
Avec un cœur vertueux :
Tarquin ne put s'en défendre ;
Et le défaut de s'entendre,
Fit le malheur de tous deux.

Un jour, tout parfumé d'ambre ,
Méditant d'heureux efforts,
Il la ſurprit dans ſa chambre :
On n'avoit point d'antichambre ,
On ne ſiffloit point alors.

Lucrece reſte muette :
Mais , prenant un autre ton ,
Elle court à ſa ſonnette :
Il en avoit , en cachette ,
Exprès coupé le cordon.

A ſes pieds il tombe , il jure
Qu'il ſera reſpectueux ;
Que ſa flamme eſt vive & pure:
On dit qu'en cette poſture ,
Un homme eſt bien dangereux.

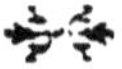

Tarquin

Tarquin devint téméraire ;
Lucrece eut recours aux cris :
Elle tombe en sa bergere :
Le pied glisse d'ordinaire ,
Sur un parquet sans tapis.

Le remord trouble son ame ;
Jusqu'au plaisir , tout l'aigrit :
Un poignard éteint sa flamme.
En notre siecle , une femme
A plus de force d'esprit.

M. DE SAINT-PERAVI.

C H A N S O N.

TENDRE Amour, auteur de ma peine,
Deviens celui de mes plaisirs ;
Fais que mon aimable Climène
Soit favorable à mes desirs :
Pour l'enflammer, prends ton flambeau ;
Rends son ardeur extrême :
Mais songe à mettre ton bandeau,
De peur d'aimer toi-même.

LE BAISER DE CLORIS.

Air : *Nous sommes Précepteurs d'amour.*

Que ne suis-je encore un enfant !
Je n'avois troupeau ni houlette ;
Je n'allois aux champs seulement,
Que pour cueillir la violette.

Je vis Cloris, bientôt j'aimai ;
Dieux ! que mon ame fut ravie !
Le premier vœu que je formai,
Fut de l'aimer toute ma vie.

Apprenez-moi, lui dis-je un jour,
Un secret que mon cœur ignore :
N'est-ce point ce qu'on nomme amour,
Qu'un feu qui brûle & qui devore ?

Bel enfant, me répond Cloris,
En me donnant un baiser tendre,
Sans le savoir, tu m'as appris
Ce que de moi tu veux apprendre.

N 2

En grandiffant , je perds fon cœur ;
Elle l'a repris , l'infidelie !
Mais fon amer & mon ardeur
Me refteront en depit d'elle.

COUPLET

Tiré de la Piece du Déserteur.

Vive le Vin ! vive l'Amour !
Amant & Buveur tour à-tour ,
Je brave la melancolie ;
Jamais les peines de la vie
Ne me couterent de foupirs :
Avec l'Amour, je les change en plaifirs ;
Avec le vin , je les oublie.

M. Sédaine.

LES VENDANGES DE CYTHERE.

AIR : *Sortez de vos retraites.*

DANS l'Iſle de Cythere,
Vénus a ſon preſſoir,
Que, d'une main légere,
Les Amours font mouvoir :
On y puiſe ſans ceſſe
Ce Nectar précieux,
Que verſe la jeuneſſe
A la table des Dieux.

Cave où l'on eſt à l'aiſe,
Plaît le mieux à Bacchus ;
Ce goût, ne lui déplaiſe,
Iroit mal à Vénus :
Le plus petit eſpace
Renferme mille appas ;
Le vin tient de la place,
Le plaiſir n'en tient pas.

Tout rempli d'allégreſſe,
Comme on voit le glaneur
Grapiller ce que laiſſe
Le fer du Vendangeur ;

Armé d'une faucille,
Dans Cythere, a son tour,
Le pauvre Hymen grapille
Les restes de l'Amour.

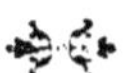

Ennemi du myflere,
Bacchus aime un féjour
Que le foleil éclaire,
Et vendange le jour.
Vénus aime le fombre
Du plus fecret réduit ;
Elle fe plait à l'ombre ,
Et vendange la nuit.

M. DORAT.

A M. COLLÉ,

AUTEUR DE LA PARTIE DE CHASSE.

AIR : *Et zon, zon, zon, que le vin eſt bon !*

JADIS à table, entre les pots,
Rouloient & couplets & bons mots :
   Cette joie eſt bannie !
Le bon air, hélas ! dans Paris ,
Déclare roturiers les Ris !
   Décemment on s'ennuie.
Gens qui ſe diſent du bon ton ,
Ne veulent plus qu'on chante : Zon ,
    Et bon , bon , bon ,
   Que le vin eſt bon !
   Il conſole la vie.

De Momus joyeux favori ,
Qui , chez Michaut , menant HENRI ,
   Les fais trinquer à table ,
Crois-tu que ce fameux Héros ,
Par ſa bonté , par ſes propos ,
   A jamais adorable ,

Seroit aujourd'hui du bon ton ,
Lui qui, simplement grand & bon ,
Chanteroit zon ,
Que le vin est bon ,
Près d'un objet aimable ?

Devant l'italique fredon ,
A fui la bachique Chanson
Et le gai Vaudeville ;
Tout d'un tems a fui loyauté :
Plutus est le seul Dieu fêté ,
A la Cour , à la Ville ;
Et dans nos meilleures maisons ,
Gens bariolés de cordons ,
Disent tout haut :
C'est de l'or qu'il faut ,
L'honneur est inutile.

Mon cher Collé , mon vieil ami ,
Toi , qui si long-tems as gémi
Du triste goût moderne ,
Qu'à l'angloise , des furieux
Descendent , en bravant les cieux ,
Aux gouffres de l'Averne :
Mais nous , des roses du printems ,
Couronnons l'hiver de nos ans ;

Et fi jamais
Nous mourons exprès,
Confentons qu'on nous berne.

Malgré le fiecle où nous vivons,
Ofons donner pour compagnons
  Les Ris à la Vieilleffe :
A l'exemple d'Anacréon,
Il faut, dans l'arriere-faifon,
  Égayer la fageffe,
Et fouvent, le verre à la main,
Dire à Philis : « Objet divin,
  » Verfez tout plein ;
  » Beaux yeux & bon vin,
  » Rappellent la Jeuneffe ».
M. Saurin.

L'AIMABLE HOTESSE.

A I R : *Nous sommes Précepteurs d'amour.*

LA Maîtresse du Cabaret
Se devine sans qu'on la peigne :
Le Dieu d'amour est son portrait;
La jeune Hébé lui sert d'enseigne.

Bacchus, assis sur son tonneau,
La prend pour la fille de l'Onde :
Même en ne versant que de l'eau,
Elle a l'art d'enivrer son monde.

M. le C. DE B**.

LE PARADIS TERRESTRE.

A I R : *Ne v'là - t - il pas que j'aime ?*

QUE l'on goûte ici de plaifirs !
 Où pourrions-nous mieux être ?
Tout y fatisfait nos defirs ,
 Et tout les fait renaître.

N'eft-ce pas ici le Jardin
 Où notre premier pere ,
Trouvoit fans ceffe fous fa main
 De quoi fe fatisfaire ?

Ne fommes-nous pas encor mieux
 Qu'Adam dans fon bocage ?
Il n'y voyoit que deux beaux yeux :
 J'en vois bien davantage !

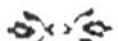

Dans ce Jardin délicieux ,
 On voit auffi des pommes ,
Faites pour charmer tous les Dieux
 Et damner tous les hommes.

Amis, en voyant tant d'appas,
　　Quels plaisirs sont les nôtres !
Sans le péché d'Adam, hélas !
　　Nous en verrions bien d'autres !

Il n'eut qu'une femme avec lui,
　　Encor c'étoit la sienne :
Je vois ici celle d'autrui,
　　Et n'y vois pas la mienne.

Il buvoit de l'eau tristement,
　　Auprès de sa compagne :
Nous autres, nous chantons gaîment,
　　En sablant le champagne.

Si l'on eût fait, dans un repas,
　　Cette chere au bon-homme,
Le gourmand ne nous auroit pas
　　Damné pour une pomme.

M. L. D. D. N.

COUPLETS

Sur un Café mêlé de Danses & de
Décorations.

Air : *Jusques dans la moindre chose.*

Tandis que de nos bocages
L'hiver ternit les couleurs,
Quel art a, sous ces ombrages,
Créé des berceaux de fleurs ?
Ah! je ne puis méconnoître
Le Dieu qui les reproduit :
Le plaisir les fait renaître,
Lorsque l'hiver les détruit.

Ici, le plaisir rassemble
Bacchus, l'Amour & les Jeux ;
Ici, folâtrent ensemble
Les plus aimables des Dieux.
Sous cet éclatant feuillage,
Cent Beautés que j'apperçois,
Sont des roses du même âge :
L'œil hésite sur le choix.

Parcourez ces fleurs nouvelles
Vous, dont le cœur fait aimer
Au milieu de tant de Belles,
Il est doux de s'enflammer.
Propos tendres, soins aimables,
Prodiguez tout en ce séjour,
Et semez autour des tables
Les jolis riens de l'Amour.

Le jeune Zéphir caresse
Trente roses à la fois;
Comme lui, volez sans cesse :
D'un Café ce sont les loix.
Ne choisir qu'une Bergere,
C'est être injuste envers cent :
Lorsque toutes savent plaire,
C'est vertu d'être inconstant.

Aux clartés étincelantes
De ces flambeaux allumés,
Les Beautés sont plus brillantes,
Leurs yeux sont plus animés.
Par de secretes magies,
Tous les sens sont excités :
Le jour tremblant des bougies,
Est le jour des voluptés.

Ici la Coquette attire,
La Dédaigneufe fourit,
L'Indifférente foupire,
La Rêveufe s'attendrit,
La Nymphe , fans rien connoître,
Cependant fe fent charmer,
Et fon cœur commence à naître :
Car c'eft naître que d'aimer.

Belles , l'Amour , fur vos traces ,
Fait pétiller fon flambeau ;
Pour mieux contempler vos graces ,
Il fouleve fon bandeau.
Dans vos yeux , mettez fa flamme ,
Dans vos pas , fes mouvemens ;
Par l'efprit , régnez fur l'ame ,
Par les charmes , fur les fens.

Sur-tout defirez de plaire ;
Vous plairez par ce defir :
Il fixe une ame légere ;
Il enchaîne le plaifir.
A cet ordre eft-on rebelle ?
L'efprit perd de fon reffort ;
La beauté même eft moins belle ,
Et l'Amour bâille & s'endort.

L'Amour qui , dans cette Fête ,
Pas-à-pas fuit la Beauté ,
Peut trouver le tête-à-tête
Au sein de la liberté.
Souvent le Dieu du myftere ,
Dans le bruit vient s'arrêter ,
Et la foule eft folitaire
Pour qui fait en profiter.

Laiffez la raifon boudeufe
Seule à l'écart dans un coin ;
Ou du moins fi la grondeufe
Vous fuit , que ce foit de loin.
Le Dieu qui , pour la jeuneffe ,
Créa les tendres defirs ,
Et le jour pour la fageffe ,
Mais la nuit pour les plaifirs.

M. THOMAS.

LA

LA JOLIE BOUDEUSE.

AIR : *Du haut en bas, &c.*

QUAND vous boudez,
Vous n'en êtes pas moins charmante :
  Quand vous boudez,
Ce joli front, que vous ridez,
Prend une grace différente :
Mais vous n'avez pas l'air méchante,
  Quand vous boudez.

  Quand vous riez,
Que d'éclat sur votre visage,
  Quand vous riez !
Jeune Iris, si vous m'en croyez,
N'affectez point un air sauvage :
Vous plaisez cent fois davantage,
  Quand vous riez.

  A son réveil,
Iris, plus brillante que Flore,
  A son réveil,

O

Au fortir des bras du fommeil,
Semble une fleur qui vient d'éclore :
Céphale croiroit voir l'Aurore
    A fon reveil.
                M. *l'Abbé* DE LATTAIGNANT.

LE BON CONSEIL.

AIR *de Joconde.*

DU vin je fuis toujours charmé,
    Quelle que foit ma chaîne ;
Lorfque je ne fuis point aimé,
    Je foulage ma peine :
Mais lorfque je plais, par bonheur,
    A celle que j'adore,
Loin de ralentir mon ardeur,
    Je la redouble encore.

Écoute, Amant trifte & jaloux,
    Ce que je te confeille :
Tu n'aimes pas plus des yeux doux,
    Que j'aime ma bouteille ;
Ainfi que je la traite, apprens
    A traiter ta Bergere :
Je la quitte, dès que je fens
    Qu'elle devient légere.

LE PORTRAIT D'ISMÈNE.

AIR : *Nous sommes Précepteurs d'amour.*

AMOUR, commence le tableau :
Qu'il sera beau, s'il est fidèle !
Voila les couleurs, le pinceau ;
Dessine, Amour, fois mon Apelle.

L'ouvrage est digne de ta main ;
Il s'agit du portrait d'Ismène.
Sur l'albatre d'un front serein ,
Trace deux jolis arcs d'ébène.

Peins fous leur voûte un œil charmant ,
Cet œil trop rigoureux peut-être ,
Qui, tour-à-tour fier & touchant,
Défend le defir qu'il fait naître.

Peins, fur fes levres de corail ,
Les fleurs nouvellement éclofes ;
De fes dents, pour rendre l'émail ,
Peins des perles, parmi des rofes.

Avec art suspends ses cheveux ;
Et tresse-les en diadême...
Laisse-les flotter, si tu veux ;
Ce désordre lui sied de même.

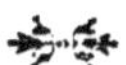

Exprime le charme secret
De son doux & tendre sourire ;
Peins ce qu'il dit, ce qu'il promet :
Moi, je peindrai ce qu'il inspire.

M. DORAT.

L'AMOUR BIEN DÉGUISÉ.

AIR : *Ce que je dis est la vérité même.*

COMMENT Colin sait-il donc que je l'aime ?
J'ai si bien feint de le hair !
Est-ce mon cœur qui s'est trahi lui-même ?
Est-ce l'Amour qui m'a voulu trahir ?
Avec lui, timide & farouche,
J'ai du plaisir : mais je fais le cacher ;
Je rougis si-tôt qu'il me touche,
Je lui défends de me toucher.
Comment Colin, &c.

Dans mes yeux il auroit pu lire :
Mais, devant lui, j'ai soin de les baisser ;
Je contrains jusqu'à mon sourire,
Et je lui dis de me laisser.
Comment Colin, &c.

D'un baiser qu'il a cru me prendre,
Colin confus si-tôt veut m'appaiser :
Je lui dis : Tu peux le reprendre,
Je ne veux point de ton baiser.

O 3

Comment Colin ſait-il donc que je l'aime ?
J'ai ſi bien feint de le haïr !
Eſt-ce mon cœur qui s'eſt trahi lui-même ?
Eſt-ce l'Amour qui m'a voulu trahir ?

M. MARMONTEL.

A UNE JEUNE FEMME,

Accouchée d'une Fille.

AIR : *De tous les Capucins du monde.*

COMME un chien, dans un jeu de quille,
On reçoit une pauvre Fille,
A l'inſtant qu'elle vient au jour :
A quinze ans, quand elle eſt gentille,
Elle nous reçoit, à ſon tour,
Comme un chien dans un jeu de quille.

M. l'Abbé DE LATTAIGNANT.

LA FRANCHISE.

Une Fille,
Qui toujours fautille,
Dont l'air agaçant
Annonce un feu naissant;
Ferme, franche,
Beaux yeux, gorge blanche,
Cet objet est tout
Ce qui flatte mon goût.
Morbleu! quand je vois
Certaine Lucrece,
Qui des loix
D'une austere sagesse
M'entretient,
Et cent fois me tient
De ces propos
Sensés ou bigots :
Moi, sur un ton
Qui la confond,
Je lui réponds :
Une Fille, &c.

Je ris des attraits
De cette coquette,

Dont les traits
Naissent à sa toilette ;
En vain l'art
Lui prête un rempart,
Deux fois vingt ans
Ont filé son tems.
L'art, le fracas,
Ne valent pas
Une Fille, &c.

Pourquoi vante-t-on
Les airs de noblesse
Et le ton
De Petite-Maîtresse
D'une Iris
Qui, minaudant,
Vous trouve excédant,
Cligne les yeux,
Et fait des nœuds ?
J'aime bien mieux
Une Fille, &c.

LEUR GOUT,

VAUDEVILLE.

A I R : *Tout consiste dans la maniere.*

UN homme aimable, un homme à femmes,
S'il veut être l'homme du jour ,
S'il veut avoir toutes nos Dames ,
Ne doit jamais avoir d'amour.
A l'Amour les voit-on se rendre ?
   Point du tout :
Il est donc plus sûr de les prendre
   Par le goût.

Climène a le goût des parures ;
Sapho , celui des Beaux-Esprits ;
Lucinde , le goût des voitures ;
Celui du plaisir tient Iris.
A l'Amour , &c.

Des Agnès qui n'ont pu connoître
Ni l'amour , ni la volupté ,
Quel goût vous en rendra le maître ?
Quel goût ? . . . la curiosité.
A l'Amour , &c.

Le goût tient lieu de l'amour même ;
Chez les Amans, chez les Époux :
Dit-on, à présent, je vous aime ?
Non. L'on dit : J'ai du goût pour vous.
A l'Amour, &c.

Ce goût, dont une ame est saisie,
Et qu'on prend pour du sentiment,
Souvent n'est qu'une fantaisie :
Mais il amène le moment.
A l'Amour les voit-on se rendre ?
     Point du tout :
Il est donc plus sûr de les prendre
     Par le goût.

M. COLLÉ.

LES FLECHES DE L'AMOUR.

A I R : *Réveillez - vous , belle endormie.*

D'UN ruisseau qui coupoit la plaine,
Mes pas suivoient chaque détour,
Et bientôt sa course m'entraîne
Près d'un bois où dormoit l'Amour.

Ses traits, sur un tapis de mousse,
Sont répandus à ses côtés ;
Qu'un autre que moi les émousse :
J'aime jusqu'à leurs cruautés.

Mais, voyant leur plume légere
Différer en tout à mes yeux ,
Je m'occupe de ce mystere,
Dont mon esprit est curieux.

L'Amour s'éveille ; je frissonne :
Ami, dit-il, avec bonté ,
De ce prodige qui t'étonne ,
Tu vas percer l'obscurité.

Ai-je à frapper l'ame inquiette
De quelque Amant sombre & jaloux :
Je choifis alors la fugette,
Où font les plumes des hiboux.

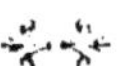

Pour le Difciple d'Epicure,
Le fentiment eft fans attraits :
Quand je lui fais une bleffure,
Les moineaux ont paré mes traits.

L'aiglon eft pour le téméraire,
Le ferein pour les beaux conteurs ;
Pour le fat, toujours sûr de plaire,
Du paon j'emprunte les couleurs.

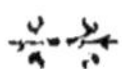

Veux-je bleffer un cœur fidèle,
Fait pour aimer bien conftamment,
La plume de la tourterelle
A ma fleche fert d'ornement.

Regarde-la , vois , qu'elle eft belle !
Sur tous mes traits elle a le prix.
Ah ! m'écriai-je , Amour , c'eft celle
Dont tu m'as bleffé pour Iris !

M. BRET.

ROMANCE.

AIR : *Quoi ! ma Voisine, est-tu fâchée ?*

UN beau Berger, sur sa musette,
    Chantoit toujours :
Il n'est point de douceur parfaite,
    Sans les Amours ;
De vos Amans, jeunes Bergeres,
    N'ayez point peur ;
Ils ont, quoi qu'en disent vos meres,
    Ils ont un cœur.

Souvent Ismène alloit se rendre
    Près du Berger,
Et prenoit plaisir à l'entendre,
    Sans y songer.
Elle apprit bientôt, la pauvrette !
    Pour son malheur,
Qu'on peut, pour une Chansonnette,
    Donner son cœur.

Aujourd'hui, la plaintive Ismène
    N'a plus d'Amant,
Et tout le long de la semaine,
    Va répétant ;

Défiez-vous de la voix tendre
    D'un séducteur :
Hélas ! sans celle de Sylvandre,
    J'aurois mon cœur !

M. Léonard.

LA DÉCLARATION INGÉNIEUSE.

Quand je vous jure, Iris, que j'aime,
    Vous ne me croyez pas ;
Ou, pour n'en plus douter, vous voulez qu'à vous-
        même,
Je nomme la Beauté dont je sers les appas :
Mais en vain, aujourd'hui, vous m'assurez encore
De garder un secret qui me paroît si doux.
Si je vous le disois, la Beauté que j'adore,
    Le sauroit aussi-tôt que vous.

M. DE LA B**.

ÉLOGE DE THÉMIRE.

Air : *Si l'on peut compter fur un cœur.*

J'ai vu Thémire dans nos champs ;
Comme à la ville , elle y fait plaire :
Thémire écoutoit mes accens :
Amour , Thémire étoit Bergere ;
Elle étoit belle fans apprêts :
Les lieux où brillent fes attraits
Sont toujours ceux que je préfere.

Par la beauté , par le talent ,
De triompher , elle eft bien fûre ;
Au milieu d'un cercle brillant ,
Comme fous un dais de verdure ,
Tout , près d'elle , paroît charmant ;
De tout elle fait l'ornement ,
Et rien ne lui fert de parure.

Si l'art quelquefois la féduit ,
Dans le féjour de l'impofture ,
Cet art , qu'elle feule embellit ,
Devient rival de la nature.
Oui , c'eft une onde que les vents
Troublent pendant quelques momens ,
Mais dont la fource eft toujours pure.

M. Dorat.

A MADEMOISELLE **.

AIR : *Tant de valeur & tant de charmes.*

QUe vous avez de sûres armes,
Pour mettre un Amant sous vos loix!
Vous séduisez, par votre voix,
Les cœurs échappés à vos charmes.

Les Amours volent sur vos traces,
Charmés de vos tendres Chansons;
Vous les attirez par vos sons,
Et les retenez par vos graces.

M. L'Abbé DE Lattaignant.

LA

LA VIEILLESSE.

AIR : *Que ne suis-je la fougere !*

QUAND la vieillesse commence,
La douceur de soupirer
Est l'unique jouissance
Qu'il soit permis d'espérer.
L'Amour fuit : l'Amitié tendre
Ose alors lui ressembler,
Mais trop peu pour rien prétendre,
Assez pour nous consoler.

Adieu, folle & douce ivresse,
Que je pris pour le bonheur !
J'eus des sens dans ma jeunesse :
Il me reste encore un cœur.
Que celle à qui je le donne
Daigne en approuver l'ardeur ;
Je dirai : Mes jours d'automne
Ont encor quelque chaleur.

Pour l'Amour, tout est martyre,
Enthousiasme ou fureur ;
Pour l'Amitié qui soupire,
Tout est plaisir & faveur.

P

Églé règne fur mon ame ,
Sans en troubler le repos ,
Et mes defirs & ma flamme ,
N'alarment point mes rivaux.

Je la verrai pourfuivie
Par la foule des Amours ,
Et le déclin de ma vie
Jouira de fes beaux jours.
Tel , fur fa tige inclinée ,
Un vieux chêne de cent ans
Croit renaîrre , chaque année ,
Avec les fleurs du printems.

M. MOREAU.

L'EXCUSE.

A I R : *Babet, que t'es gentille !*

J'AVOIS cru que l'Amour
Ne pourroit me furprendre ;
Mais Colin, à mon tour,
M'a forcé de me rendre :
  Il vint, une fois,
  Me trouver au bois ;
J'en fus toute inquiete.
D'abord je fonge à me cacher ;
Sur mes pas je le vois marcher :
Qu'aurois-je fait pour l'empêcher ?
  Maman, j'étois feulette !   *Bis.*

❖❘

  Pourquoi me fuyez-vous,
  Dit-il, belle Lifette ?
  Soudain, à mes genoux,
  Le voilà qui fe jette :
    Il me prend la main ;
    Quel eft ton deffein ?
  Je crains, & je fouhaite.
Un Amant fait pour tout ofer,
Ne demande qu'un doux baifer :
Pouvois-je, hélas ! le refufer ? *Bis.*
  Maman, j'étois feulette !

COUPLET

Chanté devant plusieurs jolies Femmes.

AIR : *Lison dormoit dans un bocage.*

DE ces beaux lieux, Nymphes charmantes,
Qui de vous obtiendra le prix ?
Au même degré séduisantes,
Vous enchantez l'œil indécis.
Esprit, gaîté, graces, décence,
Dans quel embarras me voilà !
Attraits par-ci, charmes par-là,
Tiennent tous nos cœurs en balance ;
Flore est ici, Vénus est là :
Ma foi ! choisisse qui pourra.

M. DORAT.

BACCHUS ET L'AMOUR.

Air *du Vaudeville d'Épicure.*

Vous qu'ici l'amitié raffemble ,
Tendres Amans, heureux Buveurs ,
Du Dieu que nous fervons enfemble,
Chantons tour-à-tour les faveurs :
Du nom du Dieu que l'Inde adore ,
Buveurs, rempliffez ce féjour ;
Et vous , Beautés jeunes encore ,
Sans le nommer , chantez l'Amour.

Le loifir plaît à la tendreffe :
Mais Bacchus fuit un vil repos ;
Le Buveur peut jouir fans ceffe :
L'Amant ne jouit qu'à propos.
Le Buveur , dans fa folle ivreffe ,
Se croit un Roi toujours vainqueur :
L'Amant , foumis à fa Maîtreffe ,
Ne veut régner que fur fon cœur.

Dans cette brillante fougere ,
Quand Tircis verfe un vin charmant,
Amour , fur fa mouffe légere ,
Me peint les traits de mon Amant ;

P 3

Je réunis tout ce que j'aime :
Ma bouche aspire la liqueur,
Et fait passer, à l'instant même,
Bacchus & l'Amour dans mon cœur.

Ainsi que l'Enfant de Cythere,
Le Dieu du Vin est délicat ;
Tous les deux aiment le mystere ;
Tous les deux redoutent l'éclat.
Dès que ma bouteille est ouverte,
Le vin s'évapore ou s'aigrit :
Dès qu'une intrigue est découverte,
L'Amour s'éteint ou s'affoiblit.

Au Dieu qui préside à la treille,
Amour, tu dois souvent ton prix :
Sylvandre, armé d'une bouteille,
Sait enfin triompher d'Iris ;
Le verre à la main, elle oublie
Et son devoir & le danger :
L'Amant triomphe, & Bacchus crie :
Mon heure est celle du Berger.

D'un Amour délicat & tendre,
Chers amis, célébrons le prix ;
Vous, Buveurs, imitez Sylvandre :
Nous pourrons imiter Iris.

A Bacchus donnons la journée ;
Réfervons les nuits à l'Amour :
L'un peut renaître avec l'année ;
Quand l'autre fuit, c'eſt ſans retour.

CHANSON DE TABLE.

AIR : *Quoi! ma Voiſine, es-tu fâchée ?*

QUE la contrainte ſoit bannie
    De ce ſéjour ;
N'y ſouffrons point la tyrannie
    Du Dieu d'Amour :
Hôteſſe charmante, aimable Hôte,
    De tout côté,
L'un nous donne & l'autre nous ôte
    La liberté.

LA FONTAINE DE JOUVENCE.

AIR : *Réveillez - vous , belle endormie.*

L'AUTRE matin, je vis Thémire ;
La Belle a neuf luftres paffés :
Mais on m'honora d'un fourire ,
Et voila dix ans d'effacés.

A cet âge , on eft peu farouche ,
Sur-tout quand on eft fans témoins :
Je cueille un baifer fur fa bouche ,
Et c'eft encor dix ans de moins.

Un foupir alors m'encourage ;
Déjà, dans mes tranfports brûlans,
Tous fes appas font au pillage ,
Et voilà Thémire à quinze ans.

M. MASSON DE MORVILLIERS.

ROMANCE DE M. V**.

Sur la mort de fa Femme.

N'EST-IL, Amour, fous ton empire,
    Que des rigueurs ?
S'il faut prévoir, quand on foupire,
    Tous les malheurs,
Tes biens n'offrent qu'un vain délire
    Aux tendres cœurs.

J'aimois une jeune Bergere ,
    Belle à ravir ;
Cent rivaux, jaloux de lui plaire ,
    Vinrent s'offrir :
Que d'efforts il me fallut faire ,
    Pour les bannir !

J'obtins enfin, par ma conftance
    Un tendre aveu ;
Ce moment feul, lorfque j'y penfe ,
    Combla mon feu :
Mais cette douce jouiffance
    Dura bien peu.

Un mal affreux pour une Belle
    Un jour la prend :
Dieu ! m'écriai-je, sauvez celle
    Que j'aime tant ;
Qu'elle vive laide & fidelle :
    Je suis content.

Le mal, qui porte son ravage
    Ju'ques au bout,
Changea les traits de son visage,
    Mais non mon goût.
Ah ! la beauté n'est qu'une image :
    Le cœur est tout.

Après tant de maux & de larmes,
    J'étois en paix :
Mais il falloit d'autres alarmes
    Sentir les traits.
Cruel Amour ! pour qui tes charmes
    Sont-ils donc faits ?

Après dix mois de mariage,
    Instans trop courts !
Elle alloit me donner un gage
    De nos amours ;
La Parque cruelle & sauvage
    Trancha ses jours.

Cette jeune & tendre Bergere ,
    Prête à mourir ,
Me dit : « Ferme-moi la paupiere ,
    » Prends ce foupir ;
» Garde de ma flamme fincere
    » Le fouvenir ».

Oui, chaque jour , Dieu que j'attefte !
    Je m'en fouvien ;
Ce fouvenir cher & funefte
    D'un doux lien
Eft le feul tréfor qui me refte :
    C'eft tout mon bien.

Vous, que jamais l'Amour ne blefte
    D'un trait vainqueur ,
Le calme & la paix font fans cefte
    Dans votre cœur :
Mais , hélas ! vivre fans tendreffe ,
    Eft-ce un bonheur ?
M. VERNE , de Genève.

A UNE DAME,

Qui demandoit un In - promptu.

EN In-promptu ! . . .
Moi, je n'ai chanté de ma vie,
En In-promptu :
Mais que vos yeux ont de vertu !
Ma foi ! quand on est si jolie ,
On a bien droit d'être servie
En In-promptu !

M. *l'Abbé* DE LATTAIGNANT.

COUPLETS

Pour la Fête d'Alexandrine.

Air : *Fourniffez un canal au ruiffeau.*

En dépit de l'hiver & des vents
Qui viennent dépouiller la terre ,
L'Amour garde un arriere-printems ,
Et de fleurs tient pour vous une ferre ;
Il vous les prodigue à foifon
Dans la plus aimable des fêtes :
Nous voyons régner où vous êtes,
Toujours la belle faifon.

Les fleurs du Pinde ont plus de parfum :
Mais il faut qu'elles foient choifies ;
Sans quoi, c'eft un préfent bien commun,
Qui vaut moins que l'herbe des prairies.
Apollon cueille ces bouquets ,
Et fouvent il en fait cachette :
Mais, pour vous , toujours il nous prête
La clef des divins bofquets.

Mes amis, de plaire on eſt certain,
 Qu'on la chante, ou qu'on parle d'elle ;
Le nom d'Alexandrine, en refrain,
Donne à l'air une grace nouvelle :
 Mais, lorſqu'on vante ſes façons,
 Ses beaux yeux, ſa taille légere,
 Sa gaîté, ſon talent de plaire,
 Ce ne ſont point des chanſons.

M. LE MIERE.

L'ESCLAVAGE VOLONTAIRE.

A I R : *Nous sommes Précepteurs d'amour.*

MA Nœris avoit irrité
Ce bel enfant, Roi de la terre :
Eh quoi! l'Amour & la Beauté
Sont-ils donc faits pour être en guerre?

La paix se conclut un beau jour :
Mais Nœris avoit quelque ombrage,
Et près d'elle, aussi-tôt l'Amour
Voulut me laisser pour ôtage.

J'y suis encore. Ah! désormais,
Plus de rançon! car cette Belle
Sur moi veut régner à jamais :
Moi, je veux servir auprès d'elle.

O Nœris! prolongeons le cours
De notre flamme printaniere :
Le Dieu des cœurs fait les beaux jours,
Plus que le Dieu de la lumiere.

Quand Zéphir a quitté les airs ,
Si l'oiseau pleure son absence ,
C'est que le retour des hivers
Le condamne à l'indifférence.

Mais pour nous deux , toujours contens
Dans notre chaîne fortunée ,
Toute l'année est un printems :
Car nous aimons toute l'année.

M. IMBERT.

LES

LES REGRETS DE L'ABSENCE.

A I R : *Des simples Jeux de mon Enfance.*

DE s Amours, fidèle interprete,
J'ose te confier mes feux ;
Gémis, solitaire musette,
Lisis est absent de ces lieux :
Mais il est toujours dans mon ame ;
Ses traits y sont toujours nouveaux :
Ne m'entretiens que de sa flamme,
Et du dépit de ses rivaux.

Il n'est plus ni fleurs, ni verdure ;
Ces troupeaux paissent tristement ;
Cette onde jette un long murmure ;
Tout ici pleure mon Amant :
Du rossignol, la voix si tendre
Semble avec moi le regretter ;
Ah ! fais qu'il croie encor l'entendre :
Il se taira pour l'écouter.

Cher Lifis, quelle eft mon ivreffe !
Ces fons, perdus dans mes foupirs,
Ajouteroient à ma trifteffe ,
En me rappellant mes plaifirs.
Raffure une Amante inquiette ;
Ne differe plus ton retour ;
Viens, & fais taire ma mufette ,
En me parlant de ton amour.

M. DORAT.

A LA PRINCESSE DE *,

HABILLÉE EN CORDELIER.

AIR : *Turelure.*

FRERE Ange de Charolois ,
Dis-moi par quelle aventure ,
Le cordon de Saint François
Sert à Vénus de ceinture ?

M. DE VOLTAIRE.

LA POMME.

AIR : De tous les Capucins du monde.

De vous j'eusse reçu la pomme,
Si j'eusse été le premier homme,
Tant vous avez de droits sur moi !
Si, par une autre destinée,
De Pâris j'avois eu l'emploi,
Cloris, je vous l'aurois donnée.

Jadis, deux autres Immortelles,
Plus que Vénus se croyant belles,
De l'avoir osoient se flatter :
Mais de votre sexe personne
N'ose ici vous la disputer,
Et tout le nôtre vous la donne.
M. *l'Abbé* DE LATTAIGNANT.

L'ENNUI PHILOSOPHIQUE.

A I R : *Dans ma Cabane obscure.*

QUAND l'humeur vient me prendre,
Lorsque je fais du noir,
J'écoute sans entendre,
Je regarde sans voir.
Si de ma léthargie
Je sors par un soupir,
Je sens que je m'ennuie :
Ça fait toujours plaisir.

Madame la Marquise DU DEFFANT,

A MADEMOISELLE,

QUE l'Auteur appelloit sa Femme.

AIR : *Pour la Baronne.*

QUE de ma Femme
J'aime le folâtre enjoûment !
Constant dans ma nouvelle flamme,
Je ne serai jamais l'Amant
    Que de ma Femme.

    Les plus sauvages
Des habitans de l'Univers,
Lui rendroient d'amoureux hommages ;
Elle embelliroit les déserts
    Les plus sauvages.

    De sa toilette,
L'art n'ordonne point les attraits ;
Lys & roses, rien n'est d'emplette :
La nature fit tous les frais
    De sa toilette.

Sous cette gaze,
Oh! quels objets délicieux!
A leur aspect, mon cœur s'embrâse :
Ne porterai-je que les yeux
Sous cette gaze.

M. SAUTEREAU DE BELLEVAUD.

A DÉLIE.

AIR : *Que ne suis-je la fougere ?*

C'EST pour vous que je respire ;
Mes vrais biens sont mes amours :
Vous avez sur moi l'empire
Que les Dieux ont sur vos jours.
Quand je vous vois, tout s'éclaire,
Tout me paroit s'enflammer :
L'Amour vous forma pour plaire ;
Les Dieux m'ont fait pour aimer.

DAPHNÉ,

Couplets a Madame B***.

Air : *Nous jouissons dans nos Hameaux.*

Vous retracez tous les appas
  De cette Nymphe agile,
Dont Apollon suivit les pas,
  Sans la rendre docile ;
Vous avez les traits aussi doux,
  Et la taille aussi belle :
Mais qu'il faudra nous plaindre tous,
  Si vous courez comme elle !

De la même légéreté
  Dussiez-vous être sûre,
Que le prix me soit présenté,
  Je tente l'aventure.
L'Amour me rendra plus léger ;
  J'en attends la victoire ;
Et si vous devenez laurier,
  Je reviens à la gloire.

Q 4

Ah ! quand vous auriez le fecours
  Des antiques preftiges ,
Croyez-moi , n'ayez point recours
  A de pareils prodiges.
Connoiffez mieux tout le danger
  D'une métamorphofe :
Vous ne pouvez jamais changer,
  Sans perdre quelque chofe.

M. DE LA HARPE.

A MADEMOISELLE R....,

Aujourd'hui Madame d'Eg....

Air : *J'aime une ingrate Beauté.*

Bergers, je viens avec vous
Chanter l'aimable Sophie ;
Ce soin doit vous être doux :
Heureux qu'on vous le confie !
  Les tréfors du printems
  Ornent déjà fa tête :
  Uniffons nos accens,
  Pour célébrer fa fête.

Les oifeaux, de leurs chanfons,
Font retentir ce bocage ;
Le thym, fur nos verds gazons,
Renaît pour lui rendre hommage :
  L'importune chaleur
  Se diffipe à fa vue,
  Et la plus douce odeur
  Annonce fa venue.

A fes pieds, le jeune agneau
Bondit d'aife fur l'herbette ;
Sa voix rend un fon plus beau,
Que celui de ma mufette :

Jusques dans nos forêts,
Elle entraine les Graces ;
Et pour voir tant d'attraits,
Pan vole sur ses traces.

Le soir, quand de nos ruisseaux
Elle cherche l'onde pure,
Zéphyre, entre les roseaux,
Éleve un tendre murmure :
La Nayade rougit
De n'être pas si belle ;
Dans l'eau, mon cœur la suit,
Et s'y baigne avec elle.

Dans nos prés, sa belle main
Change en fleurs ce qu'elle touche ;
Les Jeux caressent son teint,
Et les Ris ouvrent sa bouche :
Elle allume des feux
Dont sa rigueur s'amuse :
L'amour brille en ses yeux,
Et son cœur s'y refuse.

M. P. DE M***.

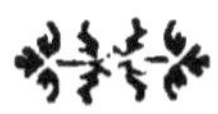

A MADAME **.

AIR *des Francs-Maçons.*

Consolez-vous, si le bel âge
  Fuit d'un vol léger :
L'esprit fait de ce vain partage
  Vous dédommager.
L'esprit, sur vos riantes traces,
Fixe les roses du printems :
Il n'est qu'un âge pour les Graces,
Et Minerve est de tous les tems.

La brillante saison de Flore
  En vain nous sourit :
La fille des pleurs de l'Aurore
  Le soir se flétrit.
Tandis que la sage Pomone
Nous comble d'utiles faveurs,
Les présens que nous fait l'Automne,
Pour l'hiver même ont des douceurs.

L'Amour, que la sagesse éclaire,
  Vole sur vos pas,
Et vous prêtez à l'art de plaire
  De nouveaux appas :

De fleurs les Mufes couronnées ,
Vous offrent leurs fimples préfens :
On ne compte point les années ,
Où l'on compte des agrémens.

Le doux plaifir de vous entendre
  Nous ramène à vous ;
Votre raifon , fans y prétendre ,
  Captive nos goûts.
Votre charme fera durable ;
Le pur fentiment l'a formé :
Lorfque l'on eft toujours aimable ,
L'on eft toujours sûr d'être aimé.

Malgré d'un magique artifice
  Les fecrets vantés ,
Circé vit conftamment d'Ulyffe
  Ses dons rejettés :
Mais fi l'adroite Enchantereffe
Avoit pris votre ton vainqueur ,
Ulyffe eût oublié la Grece ,
Et l'efprit eût fixé fon cœur.

Loin de vos yeux, chaffez l'image
  Du fombre avenir :
L'art de penfer, pour le vrai Sage ,
  C'eft l'art de fentir.

D'Anacréon fidèles guides ,
Les Jeux l'entourerent toujours ;
Et Saint-Évremont , dans ſes rides ,
Avoit retenu des Amours.

Pour moi , je brave la vieillieſſe ;
  Elle peut venir :
J'animerai de la tendreſſe
  Mon dernier ſoupir ;
Par un aimable badinage ,
Je corrigerai ma raiſon :
Il eſt des plaiſirs de tout âge ,
Et des fleurs de toute ſaiſon.

            M. D'ARNAUD.

LA CURIOSITÉ PUNIE.

AIR : *Tout roule aujourd'hui dans le monde.*

Assis au bord d'une onde pure,
Aminte & Tircis, l'autre jour,
Oublioient toute la nature,
Et ne respiroient que l'amour ;
Je m'approchai pour les surprendre :
Un seul instant changea mon cœur ;
Des Amans je plaignois l'erreur :
Je le devins, à les entendre.

LES CAPRICES.

A I R : *Réveillez - vous , belle endormie.*

Mon deſtin, auprès de Climène,
Varie à chaque inſtant du jour ;
Un caprice inſpire ſa haine,
Un autre lui rend ſon amour,

Elle m'a dit : Lindor , je t'aime ;
Ton cœur a mérité ma foi ;
Elle m'a dit à l'inſtant même :
Lindor , je me moquois de toi.

Au moment où ſa voix m'appelle ,
Climène ſonge à m'éviter :
Je ne vais chercher auprès d'elle
Que le regret de la quitter.

Elle eſt triſte dans mon abſence ,
Et méprise alors mes rivaux ;
Elle les vante en ma préſence ,
Et leur parle de mes défauts.

Mes tourmens pour elle ont des charmes ;
Elle cherche à les irriter ;
Et je la vois verfer des larmes,
Lorfque je viens les lui conter.

Je lui portois les fleurs qu'elle aime ;
Elle les prit avec dédain :
Elle me donne, le foir même,
La rofe qui paroit fon fein.

Un jour Climène, moins cruelle,
Avoit pris foin de me calmer,
Et je m'enivrois, auprès d'elle,
Du bonheur de plaire & d'aimer.

Dans la plus profonde trifteffe,
Je la vis bientôt fe plonger :
Je l'offenfois par mon ivreffe :
Mes plaifirs fembloient l'affliger.

Elle eft fimple fans artifice ;
Nul Amant n'a tenté fa foi ;
Et fidelle dans fes caprices,
Elle n'aime & ne hait que moi.

Beauté

Beauté si douce & si terrible,
Souvent aimé, jamais heureux,
Que tu sois cruelle ou sensible,
Je n'en suis pas moins amoureux.

Par tes rigueurs ou ton absence,
Cesse de déchirer mon cœur ;
Je t'aimerois sans inconstance,
Quand tu m'aimerois sans humeur.

M. DE SAINT-LAMBERT.

R

A UNE DEMOISELLE,

Nommée DIDON.

AIR : *De tous les Capucins du monde*.

Si Didon, Reine de Carthage,
Eût eu tant d'attraits en partage,
Belle Didon, malgré les Dieux,
Quelque pieux que fût Énée,
Il n'en eût cru que ses beaux yeux,
Et ne l'eût point abandonnée.

Cette Reine ne fut pas sage :
De s'immoler pour un volage,
C'est outrer le beau sentiment.
Je ne sais pas si c'est le vôtre ;
Mais, lorsque l'on perd un Amant,
Je crois qu'il en faut prendre un autre.

M. l'Abbé DE LATTAIGNANT.

---

*A MADAME * * **,

SUR LE GAIN D'UN PROCÈS,

AIR *des Folies d'Espagne.*

VOUS triomphez ; ma joie en eſt extrême :
Ah ! dès long-tems tout feroit décidé ,
Si vous euſſiez follicité vous-même :
Mieux que Gerbier , vos yeux auroient plaidé.

Vos doux attraits , brillant ſans artifice ,
Auroient dicté les Arrêts de la Cour ,
Et le bandeau de l'aveugle Juſtice
Auroit fait place au bandeau de l'Amour.

Enfin la Cour a jugé votre affaire :
Mais de votre ame ou bien de vos attraits ,
Qui doit en vous davantage nous plaire ?
Charmante Iglé , c'eſt encore un Procès.

M. l'Abbé DE LILLE.

COUPLET

AIR *de Joconde.*

LUBIN dit à Cloris, un jour :
  Qu'on souffre quand on aime !
Je crains, dès qu'on vous fait la **cour**,
  Votre inconstance extrême.
Je fais, lui dit-elle, à tes maux
  Un remede suprême :
Veux-tu n'avoir point de rivaux ?
  Il faut t'aimer toi-même.

AUTANT EN EMPORTE LE VENT.

AIR : *Des simples jeux de mon enfance.*

LUICIDAS prit, dans le bocage,
Un bel oiseau sous des buissons,
Et crut retenir le volage
Par un simple lien de joncs.
Que ta cage n'est-elle faite,
Lui disoit-il ! dès cet instant,
J'irois t'offrir à mon Annette ;
Et l'Amour sait ce qui m'attend.

Annette n'est point sévere :
Ton ramage lui plaira tant,
Que j'obtiendrai de la Bergere,
En échange, un baiser comptant.
Qu'elle m'en donne un seul bien tendre,
Annette doit me l'accorder :
Les autres, je saurai les prendre,
Si je n'ose les demander.

Il dit, & songeant à la cage,
Détache une branche d'osier,
Puis revient, ardent à l'ouvrage,
Croyant tenir son prisonnier :

R 3

Mais hélas ! il s'est fait paffage ;
Du lien l'oifeau s'est enfui ,
Et tous les baifers, quel dommage !
Se font envolés avec lui.

M. DORAT.

LE BOUQUET.

AIR : *Nous jouiffons dans nos Hameaux.*

EST-IL de plus douces odeurs ?
 D'où vient que je foupire ?
L'Amour s'est niché dans ces fleurs ;
 C'est lui que je refpire.
Le beau Bouquet !... Mais quelle ardeur !
 Je me fens tout de braife :
C'est qu'il étoit contre le cœur
 De ma chere Thérefe.

M. FAVART.

A CLIMÈNE.

A I R : *Réveillez-vous , belle endormie.*

PLUS je vous vois , plus je vous aime :
Rien n'eſt égal à mon ardeur.
Hélas! que n'êtes-vous de même ,
Que ne fixez-vous votre cœur !

L'Aurore aime la fleur nouvelle ,
Elle aime le Zéphyr ſi doux ;
L'Amour a tant de droits ſur elle ,
Qu'elle aime juſqu'à ſon époux.

Pſyché , cette Beauté ſuprême ,
Qui de l'Amour bravoit les traits ,
Pſyché brûla pour l'Amour même ,
D'abord qu'elle eut vu ſes attraits.

Mais je vois mon erreur extrême ;
Un objet a ſu vous charmer :
Narciſſe n'aima que lui-même ,
Et c'eſt ainſi que vous aimez.

R 4

Pour finir ma cruelle peine,
Et rendre mon fort sans égal,
Par pitié, charmante Climène,
Abandonnez-moi mon rival.

A MADAME,

QUI AVOIT EMBRASSÉ L'AUTEUR.

AIR : *Vous, qui du vulgaire stupide.*

JE vous aimai dès votre enfance :
Mais il est tems de fuir vos coups ;
J'ai bien senti mon imprudence,
En goûtant un plaisir si doux.
D'un seul baiser mon cœur frissonne,
Et c'est trop tard qu'il s'apperçoit
Que c'est l'Amitié qui le donne,
Quand c'est l'Amour qui le reçoit.

M. le Comte DE T**.

L'INCONSTANCE INNOCENTE.

AIR : *Nous sommes Précepteurs d'amour.*

IRIS, Thémire & Danaé
Ont en vain reçu mon hommage ;
N'en doutez point, belle Aglaé,
Jamais mon cœur ne fut volage.

❧

Iris parle si tendrement,
Mon cœur est si foible & si tendre,
Que je croyois, même en l'aimant,
Vous voir, vous parler, vous entendre.

❧

Un sourire engageant & doux,
M'enflamma bientôt pour Thémire :
J'ignorois qu'une autre que vous
Pût aussi finement sourire.

❧

Danaé s'offrit dans le bain :
Qu'on est aveugle quand on aime !
Aux lys répandus sur son sein,
Je ne crus voir qu'Aglaé même.

❧

Aussi, dans les plus doux plaisirs,
Je cédois à vos seules armes ;
Mon cœur ne formoit de desirs,
Que par l'image de vos charmes.

M. le C. DE B***.

LE DIXIEME.

AIR de Joconde.

LE jeune Tircis, l'autre jour,
  Par neuf baisers de suite,
Venoit de prouver son amour
  A la jeune Hyppolite :
Elle, qui goûtoit les appas
  De ce plaisir suprême,
Lui dit : Berger, ne sais-tu pas
  Qu'on paie le dixième ?

LE SOUVENIR.

AIR : *Félicité paffée, &c.*

AUPRÈS de mon amie,
Je coulois d'heureux jours :
D'une fi douce vie,
J'ai vu finir le cours.
Félicité paffée,
Qui ne peut revenir !
Tourment de ma penfée,
Que n'ai-je, en te perdant,
Perdu le fouvenir !

On peut être auffi belle,
On peut autant charmer :
Mais qui peut autant qu'elle,
Qui peut jamais aimer ?
Félicité paffée, &c.

Ce même air que je chante,
Que je chante en pleurant,
Avec ma jeune Amante,
Je l'ai chanté fouvent.
Félicité paffée, &c.

Souvent, de cette eau pure
Nous suivions les détours :
Quand j'entends son murmure,
Je songe à nos amours.
Félicité passée , &c.

❧❧

Souvent j'allois l'attendre
Sous ces ormes touffus :
Elle venoit s'y rendre :
Cet heureux tems n'est plus!
Félicité passée , &c.

❧❧

Voyez , dans ces asyles,
Nos chiffres enlacés ;
Dans des jours plus tranquilles ,
Ma main les a tracés.
Félicité passée , &c.

❧❧

Combien de fois l'aurore
Fut témoin de nos jeux !
Combien de fois encore
Le soir nous vit heureux !
Félicité passée , &c.

❧❧

Elle cessa de vivre,
Quand on nous sépara :
Mon cœur devoit la suivre ;
Rien ne me la rendra !
Félicité passée, &c.

Son image touchante
M'obsede nuit & jour :
Quand on n'a point d'Amante,
Quel poison que l'amour !
Félicité passée, &c.

Lyre tendre & plaintive !
Tes airs font superflus :
Sur l'infernale rive,
Églé ne t'entend plus !
Félicité passée,
Qui ne peut revenir !
Tourment de ma pensée,
Que n'ai-je, en te perdant,
Perdu le souvenir !

M. LÉONARD

CHANSON.

Oiseaux, si tous les ans vous changez de climats,
Dès que le triste hiver dépouille nos bocages,
Ce n'est pas seulement pour changer de feuillages,
   Ni pour éviter nos frimats :
    Mais votre destinée
Ne vous permet d'aimer qu'à la saison des fleurs,
Et quand elle a passé, vous la cherchez ailleurs,
   Afin d'aimer toute l'année.

M. DE VOLTAIRE.

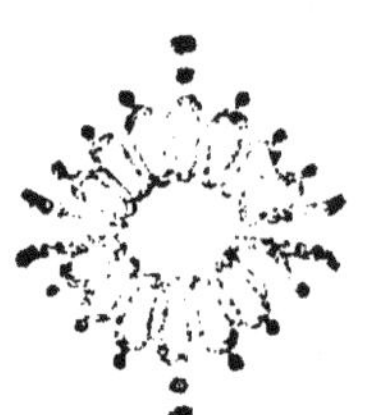

A MADAME**.

A I R : *Nous jouissons dans nos Hameaux.*

Pourquoi vouloir mal-à-propos
    Vous piquer de constance ?
Cette triste vertu des sots
    N'est plus de mode en France.
Laissez aux Belles du commun,
    L'honneur d'être constante :
Vaut-il mieux n'en rendre heureux qu'un,
    Que d'en amuser trente ?

Ces Belles dont l'antiquité
    Consacra la mémoire,
Avec plus de fidélité,
    Auroient eu moins de gloire.
Vénus même, sans les Amours
    Qui naissent sur ses traces,
A Paphos s'ennuiroit toujours,
    Seule avec ses trois Graces.

M. l'Abbé DE LATTAIGNANT.

CHANSON A BOIRE.

AIR des *Folies d'Espagne.*

Tout mon esprit, quand je ne suis point ivre,
Ne me fournit qu'un petit mot ou deux :
Mais quand j'ai bu, je parle comme un livre
Et j'en dis plus cent fois que je ne veux.

A trop aimer, l'ame se déconcerte ;
L'on perd l'esprit & la raison qu'on a :
Mais en buvant, elle est toujours alerte ;
Et l'esprit vient, quand la raison s'en va.

COMPLAINTE

COMPLAINTE

D'une Femme a Sentiment.

AIR : *De mon Berger volage.*

DANS le siecle où nous sommes,
Qu'on s'aime foiblement !
L'on ne peut, chez les hommes,
Trouver de sentiment.
Tircis n'est point volage :
Mais son cœur est usé ;
Se peut-il qu'à son âge,
Un cœur soit épuisé ?

Tu jures que tu m'aimes ;
Mais c'est si froidement !
Tircis, tes sermens mêmes
Redoublent mon tourment.
Laisse le vain langage
Des sermens superflus ;
Aime-moi davantage,
Et ne le jure plus.

S

Quels deſtins ſont les nôtres !
Pourquoi fuis-tu mes pas ?
Tu n'en aimes point d'autres :
Mais tu ne m'aimes pas.
Quand ton cœur léthargique
N'eſt plus fenfible a rien ,
Ingrat, ce qui me pique ,
C'eſt que je fens le mien.

Comment ! rien ne ranime
Tes defirs languiſſans !...
Ce n'eſt pas que j'eſtime
Les vains plaifirs des fens :
Mais que ton cœur s'enflamme
Du moins par mes tranfports !...
Eh quoi ! même ton ame
A perdu fes refforts !

M. COLLÉ.

LE CHOIX D'UN MARI.

A I R : *Réveillez - vous , belle endormie.*

SI vous époufez ce grand-pere,
Savez-vous ce que vous ferez ?
Tous les jours grande & bonne chere ;
Toutes les nuits , vous jeûnerez !

Vous aurez un grand équipage ;
Tous les jours, vous ferez *flores ;*
N'en attendez pas davantage :
Les nuits ne font qu'*ad honores.*

Tous les jours, vous ferez fervie
D'un vieux conte ou d'un vieux rébus :
Bon foir & bonne nuit, ma mie !
Allez vous coucher là-deffus.

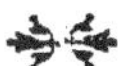

Heureufe fi de doux menfonges,
En dormant, vous font quelque bien !
Sans le bénéfice des fonges ,
Philis, ne penfez plus à rien.

Que fi vous choififfez pour maître,
Un mari qui foit jeune & dru,
Le jour, vous jeûnerez peut-être :
Mais la nuit, bouche, que veux-tu ?

Choififfez bien, quand on vous laiffe
La liberté dans vos amours,
Tendre Beauté, dans la jeuneffe,
Les bonnes nuits font les beaux jours.

HÉRO ET LÉANDRE.

AIR : *De Gabrielle de Vergy.*

JE vais vous conter l'aventure,
D'un jeune Amant né dans Seftos,
Dont la mer fut la fépulture,
Comme il nageoit vers Abidos :
Long-tems il eut le fort profpere,
Dans ce trajet fi dangereux.
Las ! il devint trop téméraire,
Pour avoir été trop heureux.

Trompant une injufte contrainte,
Et les parens & les rivaux,
Léandre, incapable de crainte,
Chaque nuit, traverfe les flots.
Héro l'attend : Héro timide,
Fait briller, du haut d'une tour,
Un flambeau qui lui fert de guide,
Allumé des mains de l'Amour.

Dieux ! quel moment, quand cette Belle,
Entre fes bras, pourra preffer
L'Amant qui s'expofa pour elle,
Et qu'il faudra récompenfer.

S 3

Il vient.... fon Amante l'embraffe ;
Ce jeune Dieu vainqueur des flots,
Et le premier baifer efface
Le fouvenir de fes travaux.

Il n'eft point de bonheur durable :
Telle eft la loi de l'univers !
Héro, tu parus trop aimable
Aux yeux du Souverain des Mers.
Careffant une Neréide ,
Il avoit vu , d'un œil jaloux ,
L'Amant qui , d'un cœur intrépide ,
Va chercher des plaifirs plus doux.

« Effrayons , dit-il , fon audace ».
Déjà les flots font foulevés :
Le bruit de leur courroux menace
Celui qui les a tant bravés.
Léandre , à cet afpect , balance :
Mais il fonge au prix qui l'attend.
Dans l'onde auffi-tôt il s'élance.
J'en fais qui n'en feroient pas tant.

Il va luttant contre l'orage.
« O Dieu ! dit-il , qui me pourfuis !
» Faut-il que mon bonheur t'outrage ?
» Je fens trop que tu m'en punis.

» Ah! s'il faut que l'onde engloutisse
» Le mortel dont Héro fit choix ,
» Que Léandre , avant qu'il périsse ,
» Soit heureux encore une fois » !

Hélas ! sa derniere espérance ,
Le fatal flambeau s'eteignit.
Il va flottant sans réfistance
Dans la tempête & dans la nuit ;
Et cependant , d'horreur saisie ,
Héro , dans sa funefte tour ,
Tremble que la mer en furie
N'ait pas épouvanté l'Amour.

Le jour renaît : pâle & craintive ,
Elle s'avance en frémiffant.
Les flots avoient , jufqu'à la rive ,
Porté le corps de fon Amant.
Héro le voit ! Ames fenfibles ,
Que l'Amour bleffa de fes traits ,
Peignez-vous ces momens horribles ,
Et ne les éprouvez jamais !

A fa douleur elle fuccombe ;
Dans l'onde elle s'enfevelit.
L'Amour , dans une même tombe ,
A Léandre la rejoignit ;

Et chaque jour, sur ce rivage,
En se reprochant ses fureurs,
Neptune, à ce tombeau sauvage,
Porte le tribut de ses pleurs.

ENVOI

A MADAME * * *.

Il ne faut point braver l'orage,
C'est un parti trop dangereux ;
Il vaut bien mieux, sur le rivage,
Attendre un instant plus heureux.
Mais si, pour vous, par imprudence,
J'affrontois l'humide séjour,
Je voudrois du moins l'assurance
De n'être noyé qu'au retour.

M. DE LA HARPE,

COUPLETS

Chantés devant S. A. S. Mademoiselle de B**, qui se plaignoit du malheur d'avoir dix-huit ans.

Air : *Je suis Lindor, &c.*

Dans ce beau jour, fais grace aux destinées :
Sans honte, on peut compter dix-huit printems.
Console-toi des outrages du tems :
Flore & l'Amour ont ce nombre d'années.

Flore & l'Amour ont fait choix de ton âge,
Et leur vieillesse est l'ornement des Cieux :
Reçois l'encens que l'on brûloit pour eux ;
Tu plais de même, on t'aime davantage.

Graces, vertus, dans toi tout intéresse ;
Sur toi le sort épuisa ses présens ;
Et ton beau teint, malgré le poids des ans,
Conserve encor la fleur de la jeunesse.

Filles du Styx, que le tems se repose,
Et qu'il s'endorme au bruit de vos fuseaux
Hébé-Bourbon est du sang des Héros,
Et le laurier doit garantir la rose.

M. Dorat.

LA MÉTAMORPHOSE,

AIR : *Nous autres bons Villageois.*

ON file, avant d'être époux,
Le tiffu de fon efclavage ;
L'Amant eft rampant & doux :
Le ver-à-foie eft fon image.
Dans fes propres nœuds renfermé,
Il devient froid, inanimé :
Mais bientôt, forçant fa prifon,
Il s'envole en papillon.

M. FAVART.

A UNE DAME,

Qu i étoit malade , & qui avoit dit à l'Auteur que, s'il vouloit chanter, il la guériroit.

Air : *Lisette est faite pour Colin.*

Quoi! je vous guéris en chantant !
La recette est nouvelle :
Auffi glorieux que content
D'une cure fi belle ,
Je veux chanter à tout inftant ,
Pour vous rendre immortelle.

Orphée enleva , par fon chant ,
Sa femme au noir rivage :
Mais , pour un objet plus charmant ,
Je fais bien davantage ,
Puifqu'en chantant auparavant ,
J'épargne le voyage.

M. l'Abbé DE LATTAIGNANT.

L'ENFANCE.

AIR : *Au bord d'un clair ruisseau.*

JULIE est sans desir :
C'est un bouton de rose,
Que la nature arrose,
Et dispose à s'ouvrir :
Dans son cœur sans détour,
Il n'est pas jour encore ;
Il attend, pour éclore,
Quelque rayon d'amour.

LE COUPLE HEUREUX.

AIR : *Enfans de quinze ans,*
ou *Dodo, l'enfant do.*

Doris & Colin font Amans,
Et n'ont de bien que leur tendreſſe;
Doris & Colin font contens,
Vont danſant & chantant ſans ceſſe :
Une fois que l'on s'aime bien,
Tenez, on ne manque de rien.
    Aimons, aimons tous;
  Il n'eſt pas de bien plus doux.

Le monde eſt pour eux ſans attraits :
Ils trouvent la foule gênante ;
Ils n'ont pas beſoin d'un palais :
Une grotte ſeule les tente.
Une grotte ! ah ! l'heureux ſéjour !
C'eſt tout ce qu'il faut à l'amour.
    Aimons, aimons tous ;
  Il n'eſt pas de bien plus doux.

La faveur que leur tendre amour
Desire du reste du monde,
C'est de les laisser, nuit & jour,
Dans leur solitude profonde.
Dans l'univers, pour vivre heureux,
N'est-ce pas assez d'être deux ?
   Aimons, aimons tous ;
  Il n'est pas de bien plus doux.

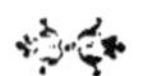

Si Colin promène ses yeux
Sur les richesses de la terre,
Colin n'en paroît envieux,
Que pour en combler sa Bergere ;
Il donneroit, pour un baiser,
Tout ce qu'on peut en amasser.
   Aimons, aimons tous ;
  Il n'est pas de bien plus doux.

Les roses qui flattent ses yeux,
Le sein de Doris les recèle ;
Les parfums les plus précieux,
Sont sur les levres de la Belle ;
Les tresors dont il est épris,
Sont ceux qu'il dérobe à Doris.
   Aimons, aimons-nous ;
  Il n'est pas de bien plus doux.

Si Doris & Colin diftraits,
Contemplent quelque fleur nouvelle;
Colin, dit-elle, eft bien plus frais !
Doris, dit-il, eft bien plus belle !
S'ils font tentés de la cueillir,
C'eft tous les deux pour fe l'offrir.
    Aimons, aimons tous ;
  Il n'eft pas de bien plus doux.

Des prés & des vallons charmans ,
La riante & tendre verdure,
Eft, pour nos deux jeunes Amans,
Un lit dreffé par la nature:
L'Amour, caché fous ce tapis,
Arrête Colin & Doris.
    Aimons, aimons tous ;
  Il n'eft pas de bien plus doux,
       M. ROCHON DE CHABANNES.

LA FOLIE RAISONNABLE.

AIR *de Joconde.*

Jusqu'ici j'ai craint la raison ;
  La faute est pardonnable :
Mais Églé trouve la façon
  De nous la rendre aimable.
Sans le pouvoir de ses attraits ,
  Je serois raisonnable :
Je deviens plus fou que jamais ,
  Et je suis excusable.

LE

LE MOINEAU DE LESBIE.

AIR : *Nous sommes Précepteurs d'amour.*

GRACES, pleurez ; pleurez Amours ;
Le Moineau chéri de Lesbie
Vient de finir ses heureux jours :
Les Dieux lui portoient trop d'envie.

Elle l'aimoit plus que ses yeux :
Il étoit si beau, si fidèle !
Mille baisers délicieux
L'enchaînoient toujours auprès d'elle.

Si quelquefois il voltigeoit,
Un signe, la moindre caresse,
Tout aussi-tôt le ramenoit
Sur le beau sein de sa maîtresse.

Mais, hélas ! cet aimable oiseau
Descend sur le sombre rivage !
Parque inhumaine, ton ciseau,
De l'Amour a détruit l'ouvrage !

T

Inflexible Divinité,
Rien n'amollit ton cœur barbare ;
Sous tes coups, tombe la beauté,
Dans l'affreuse nuit du Tartare.

O toi, qui faisois les plaisirs
De ma chere & tendre Lesbie !
Quoi ! tu meurs ! ses pleurs, ses soupirs,
Ne peuvent te rendre à la vie !

Oiseau, digne d'un meilleur sort,
Objet de l'amour le plus tendre,
Vois quels regrets cause ta mort,
Par les pleurs que tu fais répandre.

M. RIGOLEY DE JUVIGNY.

ROMANCE DE LAURE.

Air : *Que ne suis-je la fougere !*

EN s'éloignant de sa Muse,
L'Amant de Laure, en ces mots,
Du rivage de Vaucluse,
Fit retentir les échos :
Adieu, témoins de ma flamme,
Lieux charmans, heureux séjour,
Bords enchantés, où mon ame
Ne respire que l'amour.

La blancheur du teint de Laure
Est le lys de la candeur ;
La rose qui la colore
Fit celle de la pudeur ;
Sa taille égale en souplesse
Le jeune & tendre roseau,
Et, pour les cœurs qu'elle blesse,
Ses cheveux font un réseau.

De la Nymphe la plus belle,
Veut-on vanter les attraits :
On la compare avec elle,
On dit qu'elle a de ses traits.

Veut-on flatter une Mufe,
Sur la douceur de fes chants ;
On dit : Celle de Vauclufe
N'en eut pas de plus touchans.

Ce n'eft point l'art qui nous touche,
Lorfqu'elle enchante nos fens ;
C'eft fon cœur qui, fur fa bouche,
Vient animer fes accens :
Ce cœur fenfible & fidèle,
S'il peut s'enflammer un jour,
Eft l'offrande la plus belle
Qu'ait encor reçu l'Amour.

Vous, qu'un fol efpoir attire,
Que vous aimez foiblement !
Laure n'avoit qu'à fourire,
Pour rendre heureux fon Amant.
Hélas ! fans fonger à plaire,
Je me laiffois enflammer,
Et ne voulois pour falaire,
Que le plaifir de l'aimer.

En répondant à mes plaintes,
Échos, vous avez appris

Quels font les vœux & les craintes
D'un cœur tendre & bien épris.
N'oubliez pas ce langage ;
Et fi Laure, quelquefois,
Vient rêver fur ce rivage,
Imitez encor ma voix.

Dites-lui que de fes charmes,
Tous mes fens font agités ;
Dites-lui que de mes larmes,
Tous mes pas feront trempés :
Ma voix ne chantera qu'elle ;
Mon fouvenir ne fera
Qu'un miroir toujours fidèle,
Où l'Amour me la peindra.

Dites-lui qu'en vain les Graces
Viendroient pour me confoler ;
Que les Amours, fur mes traces,
Loin d'elle, auroient beau voler :
A leur troupe enchantereffe,
Je dirois, dans mes douleurs :
Rendez Laure à ma tendreffe,
Ou laiffez couler mes pleurs.

Mais fi Laure m'eft ravie,
Si je ne dois plus la voir,
Je perdrai bientôt la vie,
Quand j'aurai perdu l'efpoir.
Puilfe la parque appaifée,
Me laiffer, après ma mort,
Preférer à l'Élifée
Les ombrages de la mort.

M. MARMONTEL.

L'AMOUR ET LES NYMPHES.

A i r : *Dans un Bois solitaire & sombre.*

Auprès d'une féconde source,
D'où coulent cent petits ruisseaux,
L'Amour, fatigué de sa course,
Dormoit sur un lit de roseaux.

Les Nayades, sans défiance,
S'avancent d'un pas concerté,
Et toutes, en un grand silence,
Admirent sa jeune beauté.

Ma sœur, que sa bouche est vermeille,
Dit l'une, d'un ton indiscret !
L'Amour, qui l'entend, se réveille,
Et se félicite en secret.

Il cache ses desseins perfides,
Sous un air engageant & doux :
Les Nymphes, bientôt moins timides,
Le font asseoir sur leurs genoux.

Eucharis, Naïs & Thémire,
Couronnent fa tête de fleurs :
L'Amour , d'un gracieux fourire
Repond a toutes leurs faveurs.

Mais, bientôt, aux flammes cruelles
Qui brûlent la nuit & le jour,
Ces indifcretes immortelles
Connurent le perfide Amour.

Ah ! rendez-nous, Dieu de Cythere,
Difent-elles, notre repos !
Pourquoi le troubler, téméraire?
Nous brûlons au milieu des eaux !

Nourriffez plutôt, fans vous plaindre,
Répond l'Amour, mes tendres feux;
Je les allume quand je veux :
Mais je ne faurois les éteindre.

M. le C. DE B**.

PARODIE

DE LA ROMANCE DU TONNELIER,

Sur le même air.

PLUS enfant que sa poupée,
Iris, au bord d'un ruisseau,
Disposoit, pour sa pipée,
Ses lacets & son réseau ;
De surprise elle est frappée :
Dieux ! dit-elle, quel oiseau !

C'est la beauté, la jeunesse :
Mais il vole, il fend les airs.
Ah ! dit-elle avec ivresse,
S'il se prenoit dans mes fers,
Je le baiserois sans cesse :
Que ses jours me seroient chers !

Elle fuit l'enfant qui vole,
Et qui rit de ses desirs :
La jeune Iris se désole,
Et croit voir fuir ses plaisirs.

Un vieillard qui la console,
Arrête ainsi ses soupirs.

Belle, tremblez de l'atteindre :
C'est un dangereux vautour ;
Vous en avez tout à craindre ;
Apprenez que c'est l'Amour :
Hélas! il faudra vous plaindre,
S'il se laisse prendre un jour.

M. BRET.

LA DOUCEUR ET LA BEAUTÉ.

AIR : *Réveillez-vous, belle endormie.*

UN jour, la Beauté, vaine & fiere,
Reçut avis que la Douceur
Lui difputoit l'honneur de plaire,
Et le don de parler au cœur.

Soudain, jaloufe & furieufe,
Elle porta fa plainte aux Cieux :
L'affaire devint férieufe ;
On la plaida devant les Dieux.

Auprès du tribunal célefte,
La Beauté fit un grand éclat ;
Un doux langage, un air modefte,
De l'autre furent l'Avocat.

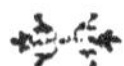

Le Deftin, leur Juge & leur Maître,
Tout entendu, trois fois touffa ;
Puis fon bon fens fe fit connoître,
Par cet Arrêt qu'il prononça.

Sans vous deux , l'Amour ne peut être,
Ses jours feroient mal affurés :
Vous, Beauté, vous le ferez naître;
Vous, Douceur, vous le nourrirez.

AUX AMANS.

AIR : *Nous fommes Précepteurs d'amour.*

AIMONS, mais d'un amour couvert,
Qui ne foit jamais fans myftere :
Ce n'eft pas l'amour qui nous perd,
Mais la maniere de le faire.

POUR LA FÊTE DES ROIS.

A I R : *Pour paſſer doucement la vie.*

LE ſort tour-à-tour nous couronne,
Et nous donne une autorité
Que, ſans foibleſſe, on abandonne,
Comme on en jouit ſans fierté.

Ainſi que le tems, le vin coule ;
Du meilleur, pour nous, on fait choix
Et c'eſt là la divine Ampoule,
Qui ſert au ſacre de nos Rois.

Tous nos jours ſont des jours de fêtes :
La paix règne dans notre Cour ;
Nous n'entreprenons des conquêtes ,
Que ſous les drapeaux de l Amour.

Jamais l'intérêt ne nous brouille ,
Bacchus fait nous accorder tous :
Quand le ſceptre tombe en quenouille ,
L'Empire n'en eſt que plus doux.

Ce que l'on dit dans notre Empire,
Ne doit point être répété ;
On connoîtroit, en l'osant dire,
Crime de lese-Majesté.

Vous régnez avec moi, ma Belle ;
Jouissez des honneurs trop courts :
Si ma couronne étoit réelle,
Vous seriez Reine pour toujours.

M. l'Abbé DE LATTAIGNANT,

L'OMBRE DE GABRIELLE,

ROMANCE.

Air *de la Romance de Gabrielle.*

Charmante Gabrielle,
Toi, si chere à nos cœurs,
Que ton ombre fidelle
Se couronne de fleurs :
Paris te rend hommage
En ce moment ;
Il applaudit l'image
De ton Amant.

Adorable Maîtresse
Du plus grand des Henris,
Que j'aime ta foiblesse !
Combien je te cheris !
C'est trop peu qu'une Belle
Puisse charmer ;
Pour se rendre immortelle,
Il faut aimer.

Nos rives retentiffent
Du nom de ton Héros ;
Ses palmes refleuriffent
Sous de rians pinceaux ;
Ils femblent nous le rendre:
  Chez les François ,
Un Roi gai , brave & tendre ,
  Ne meurt jamais.

Que dis-je ? il reffufcite !
Il vient nous confoler !
Louis déja l'imite ,
Et veut lui reffembler :
L'ame & les foins d'un pere,
  Il les aura ;
Ce qu'Henri vouloit faire ,
  Il le fera.

M. Dorat.

A

A MADAME **.

AIR : *Vous l'ordonnez*, &c.

LE Dieu du Pinde & le Dieu de Cythere,
Sur vos attraits se disputoient un jour :
C'est sa beauté qu'on aime, dit l'Amour ;
C'est son esprit, dit l'autre, qui fait plaire.

Hélas ! comme eux, dans un débat semblable,
Qui ne seroit embarrassé du choix ?
En vous voyant, on adore à la fois
La beauté sage, & la sagesse aimable.

Belle F**, on ne peut se soustraire
Au sentiment par vous-même inspiré :
On n'en dit rien ; mais au moins sachez gré
Des longs efforts qu'on se fait pour le taire.

A le dompter, on ne sauroit prétendre :
Il nous faudroit, soit dit sans vous fâcher,
Votre vertu, pour pouvoir le cacher,
Ou vos accens, pour vous le faire entendre.

M. BLIN DE SAINMORE.

V

LES CHIFFRES EFFACÉS.

Air : *Jufques dans la moindre chofe.*

Sur le fable de ces rives,
Nos chiffres, par toi tracés,
Par les ondes fugitives,
Furent bientôt effacés :
Mais cet amoureux emblême,
Malgré fa fragilité,
Dura plus que l'amour même,
Qu'il avoit repréfenté.

M. DE P**.

PORTRAIT.

AIR : *Nous sommes Précepteurs d'amour.*

A THÉMIRE, ne doit-on pas,
Sans héfiter, donner la pomme?
De fon fexe elle a les appas,
Et les vertus d'un galant homme.

Sans vouloir plaire, elle en plaît mieux,
Et n'eft coquette ni farouche;
Les graces brillent dans fes yeux,
Et la vérité fur fa bouche.

Son cœur, fenfible à l'amitié,
Eft incapable de foibleffe :
Le nom d'amour lui fait pitié,
Mais fans offenfer fa fageffe.

Cette louange eft un encens,
Que l'on eft forcé de lui rendre :
Mais elle aime mieux, en tout tems,
La mériter que de l'entendre.
M. l'Abbé DE LATTAIGNANT.

V 2

LES AILES DE L'AMOUR.

AIR : *Nous jouiſſons dans nos Hameaux.*

C'EST le cœur même qui preſcrit
   Les loix qu'Amour impoſe ;
Le ſceptre dont il nous régit,
   Eſt un ſceptre de roſe :
Loin de reſtraindre nos deſirs
   Dans des bornes cruelles ,
Pour voler après les plaiſirs ,
   Il nous prête ſes ailes.

LE CHOIX.

AIR : *Dans un bois solitaire & sombre.*

C'EST l'Amour qui me fait écrire ;
C'est l'Amour qui me fait parler :
Lui-même il a monté ma lyre ;
De ses dons il vient me combler.

L'autre jour, cet aimable Maître,
Avec un sourire charmant,
Me dit : Je voudrois reconnoître
Ton zèle & ton attachement.

Choisis, de mon aile volage,
Ou de mon flambeau radieux ;
Que mon carquois soit ton partage,
Ou mets mon bandeau sur tes yeux.

Garde, Amour, ton aile légere :
Ah ! loin de vouloir voltiger,
Qu'un nouveau nœud, à ma Glycere,
S'il se peut, vienne m'engager !

Ton flambeau me feroit contraire;
Doit-on éclairer le plaifir ?
Vu de trop près, il fait moins plaire,
Et fatisfait moins le defir.

De ton carquois ferois-je ufage ?
Eh ! quels traits aurois-je à lancer ?
Glycere accepte mon hommage ;
Je n'ai plus de cœur à bleffer.

Mais fi l'erreur eft néceffaire ,
S'il faut écarter le flambeau ,
Mon choix eft fait , Dieu de Cythere ,
Daigne me donner ton bandeau.

M. D'ARNAUD.

L'ATTENTE.

AIR : *Quand je vous ai donné mon cœur.*

LE Plaisir, couronné de fleurs,
  Vient voler sur la table ;
Il attend, pour charmer nos cœurs,
  Un moment favorable.
Belle Zéphise, où tu n'es pas,
  Pourroit-il nous séduire ?
Il a besoin de tes appas,
  Pour former son empire.

Viens réveiller, sous cet ormeau,
  L'esprit & la saillie ;
On t'attend auprès d'un tonneau,
  Qu'a percé la Folie.
Le Champagne est prêt à partir ;
  Dans sa prison il fume,
Impatient de te couvrir
  De sa brillante écume.

Sais-tu pourquoi ce vin charmant,
  Lorsque ta main l'agite,
Comme un éclair étincelant,
  Vole & se précipite ?

V 4

Bacchus en vain, dans son flacon,
Retient l'Amour rebelle ;
L'Amour fort toujours de prison,
Sous la main d'une Belle.

*M. le C. DE B***.*

---

*A MADEMOISELLE **,*

Qui demandoit un In-promptu.

A I R : *Réveillez - vous , belle endormie.*

IL feroit bientôt fait, Mélite,
Si le Dieu dont je suis la Cour,
Inspiroit les vers aussi vîte,
Que vos yeux inspirent l'amour.

M. ROYOU.

L'HEURE DU BERGER.

A I R d'Alexis.

Vous qui , de l'amoureuse ivresse,
    Fuyez la loi ,
Approchez-vous , belle Jeunesse ,
    Écoutez-moi.
Votre cœur a beau se défendre
    De s'enflammer :
Le moment vient, il faut se rendre ,
    Il faut s'aimer.

Hier, au bois, ma chere Annette
    Prenoit le frais ;
Elle chantoit sur sa musette :
    N'aimons jamais.
M'approchant alors par derriere ,
    Sans me nommer,
Je dis : Vous vous trompez, ma chere ;
    Il faut aimer.

En rougissant , la Pastourelle
    Me répondit :
D'Amour, la fleche est bien cruelle ;
    On me l'a dit.

A treize ans, le cœur eft trop tendre,
    Pour s'enflammer ;
C'eft à vingt ans qu'il faut attendre,
    Pour mieux aimer.

Lors, je lui dis : La beauté paffe
    Comme une fleur ;
Un fouffle, bien fouvent, l'efface
    Dans fa fraîcheur ;
Rien ne peut, quand elle eft flétrie,
    La ranimer :
C'eft quand on eft jeune & jolie,
    Qu'il faut aimer.

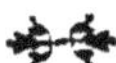

Belle amie, à fi douce atteinte,
    Cédez un peu ;
Cet Amour, dont vous avez crainte,
    N'eft rien qu'un jeu.
Annette foupire, & commence
    A s'alarmer :
Mais fes yeux m'avoient dit d'avance :
    Il faut aimer.

L'air étoit frais, l'inftant propice,
    Le bois touffu :
Annette fuit, le pied lui gliffe ;
    Tout eft perdu.

L'Amour, la couvrant de son aîle,
    Sut l'animer :
Hélas ! je vois trop, me dit-elle,
    Qu'il faut aimer !

Les oiseaux, témoins de l'affaire,
    Se baisoient mieux ;
L'onde, plus tard qu'à l'ordinaire,
    Quittoit ces lieux ;
Les roses s'empressoient d'éclorre,
    Pour embaumer ;
Et l'écho répétoit encore :
    Il faut aimer.

M. le Chevalier DE P**.

COUPLET.

AIR *de Joconde.*

SI Tircis alloit deviner
  Combien il m'intéreſſe ,
Je ne pourrois me pardonner
  L'excès de ma foibleſſe.
Hélas ! contraignez-vous , mes yeux ;
  Vous avez l'air trop tendre :
Mon cœur , taiſez bien tous mes feux ;
  Un ſoupir peut s'entendre.

Madame DE CASSINI.

LA FUITE INUTILE.

AIR : *Des simples Jeux de mon enfance.*

L'AUTRE jour, j'apperçus Lisette,
Triste, & déjà loin du hameau,
Avec panetiere & houlette,
Mais sans son chien, ni son troupeau.
Je lui dis : Où vas-tu, la Belle,
Avec l'air de te défoler ?
Je fuis l'Amour, me répond-elle,
Et si loin, qu'il n'y puisse aller.

Ton erreur, lui dis-je, est extrême ;
Un vain dépit te fait la loi ;
Ton cœur te suit : si ton cœur aime,
L'ennemi voyage avec toi.
Reviens parmi nos pastourelles,
Si tu n'as pas d'autres secours :
Le Dieu que tu fuis a des aîles :
Il te rattraperoit toujours.

M. DORAT.

LE SOUVENIR.

AIR : *Dans un Bois solitaire & sombre.*

DE nos jours remplissons l'espace,
Au gré de nos plus chers desirs ;
La vie est un instant qui passe :
Il faut le donner au plaisir.

Au soir ténébreux de la vie,
Si le cœur doit se reposer,
Puissé-je encor chanter, Sylvie,
Le trait dont tu sus me blesser.

Que ton souvenir me console
Des beaux jours que j'aurai perdus :
Quand l'âge du bonheur s'envole,
On vit dans l'âge qui n'est plus.

M. LÉONARD.

LA GUÉRISON DANGEREUSE.

AIR : *Sur un soupçon trop incertain.*

J'AVOIS chanté le Dieu d'Amour ;
Mes accords avoient su lui plaire :
O Daphnis, me dit-il un jour,
Qu'exiges-tu pour ton salaire ?
Je veux, lui dis-je, être amoureux :
Mais je hais les Amans fidèles.
Amour, Amour, pour être heureux,
Je n'ai besoin que de tes aîles.

Zilla, sur l'heure, à mon côté,
Vint offrir son joli corsage ;
L'Amour reprit sa liberté,
Et je rentrai dans l'esclavage.
De mes vœux, l'Amour s'offensa :
La Beauté punit mon offense.
Cœurs inconstans, fuyez Zilla :
Zilla guérit de l'inconstance.

M. IMBERT.

A THÉMIRE.

Air : *Nous jouiſſons dans nos Hameaux.*

N'auriez-vous pas, dans votre cœur,
 Gardé quelque étincelle
De ce feu dont pour moi, l'ardeur
 Devoit être éternelle ?
Quoi ! l'auriez-vous laiſſé mourir ?
 Non, je ne puis comprendre
Qu'un ſi beau feu puiſſe finir....
 Eh ! remuons-en la cendre !

I. E.

LE PARADIS DE MAHOMET.

AIR : *Il faut aimer, c'eſt la loi de Cythere.*

O MAHOMET! ton Paradis des Femmes
Eſt le ſéjour de la félicité !
C'eſt le vrai bien qui convient à nos ames ;
Sans les Amours, qu'eſt l'immortalité ?
O Mahomet! ton Paradis des Femmes
Eſt le ſéjour de la félicité !

Prés émaillés de mille fleurs nouvelles ,
Vous le cédez à l'éclat de ces lieux :
Voilà les fleurs, les roſes les plus belles !
Faut-il, hélas ! n'en jouir que des yeux ?
O Mahomet ! &c.

En contemplant le cercle de ces Dames ,
Au rang des Dieux , je me crois tranſporté :
L'émotion qui paſſe dans nos ames
Eſt le garant de leur Divinité.
O Mahomet ! &c.

X

Aimons, buvons : que notre fang bouillonne,
Tout agité par ce double tranfport ;
Que chacun tombe aux pieds de fa patronne:
Mais que l'Amour l'en releve d'abord.
O Mahomet! &c.

Quel changement dans tout tant que nous fommes,
Si vous cédez à l'ardeur de nos feux !
Vous ne voyez en ces lieux que des hommes:
Un peu d'amour, vous y verrez des Dieux.
O Mahomet! ton Paradis des Femmes,
Eft le féjour de la félicité.

M. ROCHON DE CHABANNES.

A DEUX JOLIES FEMMES,

Qui se querelloient souvent.

AIR : *Nous jouissons dans nos Hameaux.*

VOUS partagez entre vous deux
  L'Empire de Cythere,
Et vous avez reçu des Dieux
  Tout ce qu'il faut pour plaire,
Contentes d'un destin si doux,
  Regnez d'intelligence,
Et, pour vôtre honneur, aimez-vous,
  Du moins en apparence.

Pour vous aimer sincérement,
  Vous êtes trop aimables ;
L'une envers l'autre, à tout moment,
  C'est être trop coupables :
Pour inspirer de tendres feux,
  Vos graces sont égales,
Et vous êtes bien, toutes deux,
  Dignes d'être rivales.

M. l'Abbé DE LATTAIGNANT.

X 2

A ZÉLIS.

AIR : *Le jeune Berger qui m'engage.*

DU Dieu qui fait que l'on soupire,
Cessez d'apprehender les feux ;
Zélis, on a tort de vous dire
Qu'il rend tous les cœurs malheureux.
On peut, à ses ardeurs divines,
Céder sans de fâcheux retours :
Quoique la rose ait des épines,
On ne s'y pique pas toujours.

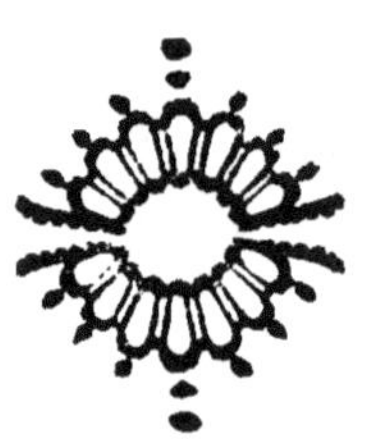

A L'OREILLER DE GLICERE.

AIR : *Nous sommes Précepteurs d'amour.*

RÉVELE tes secrets au jour,
Oreiller foulé par Glycere,
Duvet, plumage de l'Amour,
Ou des colombes de sa mere.

Ne me dis pas ce que l'on voit,
Quand sa main, quand Zéphir entr'ouvre
Le lit heureux qui la reçoit,
Ou l'heureux voile qui la couvre.

Ne me dis pas ce que l'on sent,
Quand sa bouche voluptueuse
Baise le tissu caressant
Qui presse ta plume amoureuse.

Va ! quand l'Amour, à tes portraits,
Prêteroit sa bouche divine,
Tous les appas que tu peindrais,
Vaudroient-ils ceux que je devine ?

Dis-moi plutôt, dis-moi comment
Et combien de fois ta Maîtresse
Répete ces doux mots d'Amant,
Et de plaisir & de tendresse.

Dis-moi plutôt combien de pleurs
Baignent le lin qui te décore,
Quand, par hasard, j'orne de fleurs
Le sein de Néris ou d'Aglaure.

L'autre jour, j'obtins un baiser :
Elle me dit : « Tu vois ! je t'aime !
» Tu peux.... mais garde-toi d'oser,
» Et défends-moi contre moi-même ».

Ivre d'amour & de desir,
Je respectai son innocence ;
Je n'ai perdu que le plaisir,
Et j'ai conservé l'espérance.

Un baiser charma nos adieux ;
Tu la vis bientôt, solitaire,
Attendre, sur son lit oiseux,
Un pavot doux & salutaire.

Tu la vis , fortuné couſſin !
Hélas ! dis-moi , ſoupiroit-elle ?
Sentois-tu palpiter ſon ſein ,
Empriſonné ſous la dentelle ?

La Beauté ſeule , entre deux draps,
Eſt moins timide & plus émue :
Son ame , ainſi que ſes appas ,
Entre deux draps, eſt preſque nue.

Mille autres , oreiller charmant ,
A tes ſecrets peuvent prétendre :
Mais , crois-moi , dans ce peuple Amant,
Le plus aimable eſt le plus tendre.

Hélas ! tu ne m'as jamais vu :
Puiſſes-tu quelque jour m'entendre !
Peut-être mon nom t'eſt connu ;
Ma Glycere a pu te l'apprendre.

Oh ! quand pourrai-je , près de toi ,
Dans mes bras , la voir moins farouche ,
Me peindre le plus doux effroi,
Et ſe raſſurer ſur ma bouche ?

X 4

Hier, je lui ferre la main :
Son œil s'anime, elle foupire,
Puis elle dit : « Reviens demain »!
Rougit, pâlit & fe retire.

Dieux, en croirai-je un doux efpoir?
Eft-ce mon bonheur qu'elle annonce?
Cher oreiller, j'irai ce foir,
Près de toi, chercher fa réponfe.

M. GROUVELLE.

LE SOUHAIT.

A I R : *Sortez de vos retraites.*

Serin je voudrois être,
Pour fêter, dans mes chants,
Les beaux jours que font naître
Thémire & le Printems,
Pour la suivre au bocage,
Voler sur son chemin,
Ou, de peur de la cage,
Me sauver dans son sein.

Là, je lui fais deux roses,
Que j'irois becqueter ;
Pour ses levres mi-closes,
Il faudroit les quitter ;
Ne sachant, auprès d'elle,
Où fixer mon desir,
Chaque vol infidéle
Me vaudroit un plaisir.

Dans ces doux exercices,
Je passerois le tems,
Entouré de délices,
Sans prévoir les tourmens ;

Puis le foir , avec l'ombre ,
J'irois , ivre d'amour ,
Conter à la nuit fombre
Tous les plaifirs du jour.

M. DORAT.

A UNE JOLIE FEMME,

QUI vouloit que l'Auteur fît un Couplet fur
fes Genoux.

AIR : *Trifte raifon , &c.*

SUR vos genoux , ô ma belle Eugénie,
A des Couplets, je fongerois en vain :
Le fentiment vient troubler le génie,
Et le pupître égare l'Écrivain.

M. FRANÇOIS DE NEUF-CHATEAU.

LE VER-A-SOIE.

AIR *de Joconde.*

AIMABLE & tendre vermiffeau ,
   Qui paffez votre vie
A filer votre heureux berceau ,
   Sous les yeux de Sylvie,
Ménagez le feuillage vert ,
   Que fa main vous préfente ;
Laiffez-nous rêver à couvert
   Au mal qui nous enchante.

C'eft par la chaleur de fon fein ,
   Qu'Amour vous fit éclorre :
Eft-il un plus heureux deftin ?
   Que vous faut-il encore ?
J'aurois tous les Dieux pour rivaux ,
   Auprès de ma Bergere ,
Si, comme vous, par mes travaux,
   J'avois l'art de lui plaire.

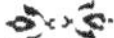

De votre tiffu précieux
   Vous nous cachez la trame :
Ainfi je dérobe à fes yeux
   Le fecret de mon ame.

Mon cœur, de fa tendre prifon
Trouve en vous le modèle :
Mais vous deviendrez papillon,
Et je ferai fidèle.

A MADAME **.

AIR : *De tous les Capucins du monde.*

OUI, mon adorable Thémire ,
J'apperçois fans ceffe & j'admire
Des graces dans vos mouvemens ,
Dans vos moindres faits des miracles ;
Vos regards font des fentimens,
Et vos difcours font des oracles.

M. l'Abbé DE LATTAIGNANT.

LE LEVER DE L'AURORE.

A I R : *Nous sommes Précepteurs d'amour.*

QUEL spectacle qu'un beau matin,
Répétoit Lucette à sa mere !
Que j'aime à voir un ciel serein,
Que, par dégré, l'aurore éclaire !

Les oiseaux volent au devant,
La célébrant par leur ramage,
Comme un peuple fidèle attend
Son Souverain à son passage.

Aussi, dès la pointe du jour,
De son lit s'échappoit Lucette,
Rapportant toujours, au retour,
Quelques plis à sa colerette.

On disoit qu'un Zéphir badin
S'étoit joué dans sa parure ;
Il n'est que lui, qui, si matin,
Soit éveillé dans la nature.

Ce Zéphir eſt bien attrayant ,
Se diſoit la maman ſévere !
La fille un jour part ; à l'inſtant,
Tout doucement la ſuit ſa mere.

Dans un réduit bien ténébreux ,
La petite court voir l'Aurore ;
Et ce Zéphir ſi dangereux ,
Eſt un beau Garçon qu'elle adore.

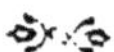

On conçoit bien, en pareil cas ,
Le bruit qu'une maman peut faire !
Eh ! mais ! d'où vient tout ce fracas,
Dit Lucette , d'un ton ſincere ?

Le ſoleil a plus de ſplendeur,
Obſervé d'une grotte obſcure ;
Et Monſieur eſt un Amateur :
Nous étudions la nature.

M. Le Prieur.

ROMANCE.

AIR : *Défiez - vous sans cesse.*

O MA tendre musette !
Musette des Amours !
Toi, qui chantois Lisette ,
Lisette & les beaux jours !
D'une vaine espérance ,
Tu m'avois trop flatté :
Chante son inconstance
Et ma fidélité.

C'est l'Amour , c'est sa flamme
Qui brille dans ses yeux :
Je croyois que son ame
Sentoit les mêmes feux :
Lisette , à son aurore ,
Respiroit le plaisir.
Hélas ! si jeune encore ,
Sait-on déjà trahir ?

Sa voix , pour me séduire ,
Avoit plus de douceur ;
Jusques à son sourire ,
Tout en elle est trompeur.

Tout en elle intéreffe ;
Et je voudrois, hélas !
Qu'elle eût plus de tendreffe ;
Ou qu'elle eût moins d'appas.

O ma chere mufette ,
Confole ma douleur !
Parle-moi de Lifette ;
Ce nom fait mon bonheur.
Je la revois plus belle ,
Plus belle chaque jour ;
Je me plains toujours d'elle ,
Et je l'aime toujours.

M. DE LA HARPE.

QUINZE

QUINZE ANS.

AIR : *Des simples Jeux de mon Enfance.*

Quinze ans !... Thémire, ô le bel âge !
Des doux plaisirs, c'est la saison ;
De tes quinze ans, fais bon usage :
A quinze ans, l'Amour fait moisson.
Avant quinze ans, une Bergere
Est du nombre encor des enfans ;
Il faut avoir quinze ans pour plaire :
On n'est point belle avant quinze ans.

A quinze ans, finit la culture :
Le bouton alors devient fleur :
C'est à quinze ans que la nature
Parle à nos sens, nous donne un cœur.
A cinq ans, on verse des larmes ;
A dix, sont les jeux innocens ;
A douze, les tendres alarmes :
Mais, pour aimer, il faut quinze ans.

M. MARESCHAL.

Y

LE LENDEMAIN.

Air : *Réveillez-vous , belle endormie.*

Dieux! j'avois cru Lycas fensible ;
Je craignois pour lui le malheur ;
Et , je le vois , fon cœur paifible
Ne fent pas même le bonheur.

Madame DE S**.

RONDE DE TABLE.

AIR *du Prévôt des Marchands.*

MESSIEURS, chantez tous, avec moi,
Celui qui donne ici la loi :
Quand il sert de ce jus d'automne,
Son plaisir dans ses yeux se voit ;
Il est charmé, quand il en donne ;
Il est charmant, quand il en boit.

Quand il sable un nectar si doux,
Et qu'il nous en fait boire à tous,
A ce plaisir il s'abandonne ;
Il en fait prendre, il en reçoit.
Il est charmé, &c.

Il verse de la même main
Ses bienfaits, ainsi que son vin ;
Et sa bonté tendre assaisonne
Les biens, le vin qu'on en reçoit.
Il est charmé, &c.

Aux plaisirs de la table, il joint
Ceux dont je fais mon second point;
Au cœur d'une jeune personne,
Par ce chemar, il va tout droit.
Il est charmé, &c.

Par un salut univerfel,
Célébrons ce charmant mortel;
De nous il est tems qu'il reçoive
Le bachique honneur qu'on lui doit.
Il est charmé que l'on en boive;
Il est charmant, quand il en boit.

M. COLLÉ.

A MADAME **,

Qui dansoit au Bal.

AIR : *Nous jouissons dans nos Hameaux.*

Oui, la Muse pleine d'appas
  Qui préside à la Danse,
A dû former les premiers pas
  Qu'essaya ton enfance.
Oui, la Déesse du Printems,
  Te donnant sa parure,
T'apprit à courir dans nos champs,
  Sans fouler la verdure.

Telle Flore, au soir d'un beau jour,
  Fuit devant le Zéphire,
S'arrête, &, d'un œil plein d'amour,
  Vient encor lui sourire.
Mais si, de tes regards charmans,
  Flore avoit le langage,
Zéphir, des volages Amans
  Ne seroit plus l'image.

Ah! Dieu! que de légéreté ,
  De grace & de foupleſſe!
C'eſt l'............, c'eſt la gaité
  De .... qui careſſe.
Ar.................. fur ſes pas
  .... de nos prairies :
I. ...., fous ſes pieds délicats ,
  .... feront point fleuries.

Le cœur le moins fait pour aimer
  Te feroit-il rebelle ?
.... faites pour charmer,
  Le moindre eſt d'être belle.
Ta ...., avec le tems ,
  .... être ton égale ;
Juſqu'au jour qu'elle aura quinze ans ,
  Ne crains point de rivale.

A MADEMOISELLE DE SAINT-S**.

AIR : *Pour la Baronne.*

A DÉLAÏDE
Semble faite exprès pour charmer ,
Et mieux que le galant Ovide ,
Ses yeux enseignent l'art d'aimer
        Adélaïde.

D'Adélaïde ,
Ah ! que l'empire semble doux !
Qu'on me donne un nouvel Alcide :
Je gage qu'il file aux genoux
        D'Adélaïde.

D'Adélaïde
Fuyez le dangereux accueil ;
Tous les enchantemens d'Armide
Sont moins à craindre qu'un coup-d'œil
        D'Adélaïde.

Y 4

D'Adélaïde ,
Quand Amour eut formé les traits ,
Ma foi ! dit-il , la Cour de Gnide
N'a rien de pareil aux attraits
    D'Adélaïde.

    Adélaïde ,
Lui dit-il , ne nous quittons pas ;
Je suis aveugle , sois mon guide :
Je suivrai par-tout pas-à-pas
    Adélaïde

M. MARMONTEL,

LE CHOIX DIFFICILE.

AIR : *Réveillez - vous , belle endormie.*

ENTRE le vin & la tendresse ,
Je ne saurois faire de choix ;
Je ne puis vivre sans Maitresse ,
Et je me meurs , si je ne bois.

Chacun d'eux m'anime & m'engage ;
Le plaisir en est différent :
Iris m'en donne davantage ,
Bacchus m'en donne plus souvent.

LA COMPENSATION.

Air : Vous, qui du vulgaire stupide.

Faisons l'amour, faisons la guerre :
Ces deux métiers sont pleins d'attraits ;
La guerre au monde est un peu chere ;
L'amour en rembourse les frais.
Que l'Ennemi, que la Bergere,
Soient tour-à-tour serrés de près !
Quand on a dépeuplé la terre,
Il faut la repeupler après.

M. le Chevalier DE B**

LE PREMIER JOUR QU'ON AIME.

AIR *de Joconde.*

J'AVOIS à peine dix-sept ans,
 Que je brulois pour Nice ;
Nice avoit vu dix-neuf printems,
 Et n'étoit point novice.
J'aimois pour la premiere fois ;
 Nice pour la troisieme :
Mais est-on maître de son choix,
 Le premier jour qu'on aime ?

J'étois amoureux comme cent :
 Nice me parut belle ;
Au récit de mon feu naissant,
 Nice fit la cruelle.
De mépris elle fut armer
 Ses yeux, son maintien même :
En faut-il plus pour alarmer,
 Le premier jour qu'on aime ?

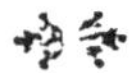

J'osai m'écrier cependant :
  » Nice, daignez m'entendre »!
» Non, reprit-elle en minaudant,
  » Non, cessez d'y prétendre ».
J'en conviens : ce froid inoui
  Me mit hors de moi-même :
Sait-on que non veut dire oui,
  Le premier jour qu'on aime ?

❧

Que j'étois fou d'appréhender
  Cette aimable colere !
On s'obstinoit à me gronder :
  Mais on ne fuyoit guere.
Nice ne gronda point toujours ;
  C'étoit un stratagême :
Mais connoît-on tous ces détours,
  Le premier jour qu'on aime ?

❧

Bientôt un souris caressant
  Dissipa cet orage :
Du calme qui vint renaissant,
  Un baiser fut le gage :
Lui seul suffit pour m'embraser ;
  Mon plaisir fut extrême :
Qu'on sent bien le prix d'un baiser,
  Le premier jour qu'on aime !

❧

D'abord, en avouant mon feu,
   Un mot étoit un crime :
Quand je fus bien loin de l'aveu,
   Tout parut légitime. . . ,
On convaincroit, dans ces momens,
   L'innocence elle-même :
L'on est bien fort en argumens,
   Le premier jour qu'on aime.

M. Bonnier de Layens.

IN-PROMPTU

A UN AUTEUR,

Qui, piqué de quelques mauvais succès, vouloit se venger du Public par un Ouvrage qui, disoit il, resteroit.

AIR : *Pour la Baronne.*

Chez son Libraire,
Un Auteur mécontent juroit,
De composer, dans sa colere,
Un Ouvrage qui resteroit.....
Chez son Libraire.

ROMANCE.

AIR : *Quoi! ma Voisine, es-tu fâchée?*

LISON guettoit une fauvette
    Dans un buisson ;
Tout auprès, l'Amour, en cachette,
    Guettoit Lison.
L'oiseau s'enfuit : l'autre, surprise
    Par un Amant,
Au trébuchet se trouva prise,
    Ne sais comment.

« Laissez-moi rejoindre ma mere
    » A la moisson.
» — Il me faut deux baisers, ma chere
    » Pour ta rançon ».
La Belle fit, pour se défendre,
    Un mouvement :
Mais Lucas eut l'air de les prendre,
    Ne sais comment.

» Je sens la volupté secrete
    » D'un baiser pris :
» Mais ceux que donne une fillette
    » Ont plus de prix

Lifon foupire & s'abandonne
    Au fentiment,
Reprend les baifers, les lui donne,
    Ne fais comment.

» Que je prenne encor cette rofe
    » Sur ton beau fein !
» Non, finiffez, non, je m'oppofe
    » A ce larcin ».
Elle s'oppofa, la pauvrette,
    Si tendrement,
Qu'on lui prit la fleur fur l'herbette,
    Ne fais comment.

M. BERTIN.

A

A MADEMOISELLE.

AIR : *Vous, qui du vulgaire stupide.*

LA lueur la plus menfongere
D'un efpoir qui flatte mes vœux,
Eft, pour mon ardeur téméraire,
Un aliment bien dangereux :
Ce font tes rigueurs que j'implore ;
Mon cœur, malgré ta cruauté,
N'aura que trop de peine encore
A conferver fa liberté.

M. DE B**.

Z

L'AMOUR ET L'HYMEN.

AIR : *Jusques dans la moindre chose.*

GARDE-TOI, pour Isabelle,
Dit l'Hymen, de soupirer ;
Elle va m'être fidelle :
Car je l'en ai fait jurer.
Tu me causes peu d'ombrage,
Répond l'Amour en riant ;
J'aurai sur toi l'avantage :
Car j'ai son premier serment.

M. DE SAUVIGNY.

LA FEINTE DIFFICILE.

AIR : *Dans ma Cabane obscure.*

Dans ce bois solitaire,
Tout invite à l'amour ;
Son ombre fait me plaire ,
Plus que l'éclat du jour ;
Son silence m'attire ;
Tout semble m'y charmer ;
Sans objet, j'y soupire
Du seul besoin d'aimer.

Je suis à mon aurore ;
Mon cœur cherche à jouir
D'un bonheur que j'ignore,
Et semble m'avertir :
Tircis dit qu'il m'adore,
Et qu'il sera constant :
Je n'aime pas encore :
Mais Tircis est charmant.

Il vient , & de sa flamme
Il va m'entretenir :
Ah! je sens que mon ame
Est prête à s'attendrir !

Z 2

Fuyons, j'ai trop à craindre;
Je fens, à ma langueur,
Qu'en vain je voudrois feindre
Le fecret de mon cœur.

Madame DE CASSINI.

SUR UN SOUFFLET.

AIR *du Vaudeville d'Épicure.*

IL eft beau, fans doute, ô ma Flore,
De punir le rapt d'un baifer :
Mais ne vaut-il pas mieux encore
S'en défendre que s'en venger ?
Ah! de cette foible vengeance,
Un cœur jaloux eft peu touché :
Au rifque de la pénitence,
Qui ne commettroit le péché ?

*M. B**.*

CHANSON A BOIRE.

A I R : *De tous les Capucins du monde.*

DE Bacchus la veine eft glacée ;
Amis, la mode en eft paffée :
Moi, je veux la reffufciter ;
En deux mots voici mon hiftoire :
Je veux, fi l'on me fait chanter,
Ne chanter que Chanfons à boire.

L'utile joint à l'agréable,
Je le trouve à chanter à table :
Car je tiens du Docteur Ifoif,
Qui vaut bien le Docteur Grégoire,
Que chanter fait naître la foif,
Et c'eft la foif qui nous fait boire.

Trifte vertu que l'abftinence !
Nous n'en avons plus d'autre en France :
Chez ces Buveurs trop circonfpects,
Le pauvre Amour languit fans gloire :
Cœurs & gofiers font toujours fecs ;
On fait aimer comme on fait boire.

Nos aïeux étoient véridiques :
Nous sommes faux & politiques ;
De l'homme, on ne voit plus sortir
Que menfonge & trahifon noire :
Il aimeroit moins à mentir,
S'il aimoit un peu plus à boire.

Après les travaux militaires,
Quand deux Plénipotentiaires
Veulent voir la guerre finir,
Ils ont beau figner leur grimoire ;
Cet accord ne fauroit tenir :
Ils fe quittent toujours fans boire.

Jadis, par de faints hécatombes,
Les Romains honoroient leurs tombes :
Dieu profcrivit ce culte vain ;
Je n'ai pas de peine à le croire :
Leurs Prêtres répandoient le vin :
Ne valoit-il pas mieux le boire ?

Dieu ! quand viendra la fin du monde,
S'il faut que le ciel nous inonde,
Fais que ce foit de flots de vin !
L'eau pure terniroit ta gloire ;
Et fi le monde meurt enfin,
Ne le fais pas mourir fans boire.

M. IMBERT.

LE PORTRAIT DES MARIS.

AIR *des Trembleurs.*

UN Amant léger, frivole,
D'une jeune enfant raffole ;
Doux regard, belle parole,
Le font choisir pour époux.
Soumis quand l'hymen s'apprête,
Tendre le jour de sa fête,
Le lendemain il tient tête...
Il faut déjà filer doux.

Si-tôt que du mariage
Le lien sacré l'engage,
Plus de vœux, pas un hommage ;
Plaisirs, talents, tout s'enfuit :
En vertu de l'hyménée,
Il vous gronde à la journée,
Bâille toute la soirée,
Et Dieu sait s'il dort la nuit !

Sa contenance engourdie,
Quelque grave fantaisie,
Son humeur, sa jalousie,
Qui, c'est là tout votre bien ;

Z 4

Et pour avoir l'avantage
De refter dans l'efclavage ;
Il faut garder au volage
Un cœur dont il ne fait rien.

Madame la Marquife DE LA F...

TABLE
ALPHABÉTIQUE
DES
CHANSONS
CONTENUES DANS CE VOLUME.

A

B

C

D

E

F

G

I

L

M

N

O

P

Q

R

S

T

Fin de la Table.